신나게 시작하는 일본어 첫걸음

일본어교재연구원

도서출판 예가

스마트폰에서 콜롬북스 어플 설치하고 회원가입 후 MP3 파일을 다운받아 바로 듣자!!

❶ 앱스토어 또는 구글플레이어 스토어에서 콜롬북스 어플 다운로드 후 설치한다.
❷ 회원가입 후 검색창에 도서 제목을 정확히 입력하거나 아래의 QR코드를 스캔한다.
❸ MP3 파일을 다운로드 해서 듣는다.
❹ 그외 더 다양한 서비스 이용가능

스마트폰에서 콜롬북스 어플을 설치한 후
QR코드를 스캔하면 MP3 파일을 바로
다운로드 할 수 있습니다.

CONTENTS

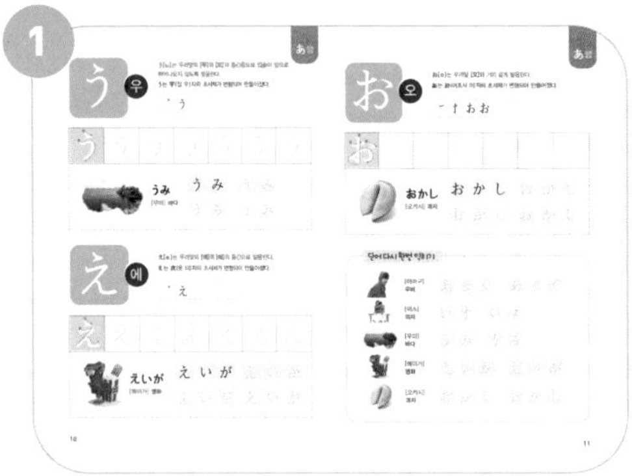

1 히라가나

히라가나는 한자에 익숙하지 않은 여성들이 주로 사용하였으나 오늘날에는 보편적으로 일본어를 표기하는데 사용된다. 때문에 일본어 공부의 첫 단추라 할 수 있고 비슷하게 생긴 히라가나를 확실히 구분하여 익히는 것이 매우 중요하다. 아·이·우·에·오, 카·키·쿠·케·코를 알파벳 순서처럼 외운 후 여러 번 반복하여 쓰면 훨씬 쉽게 외워질 것이다.

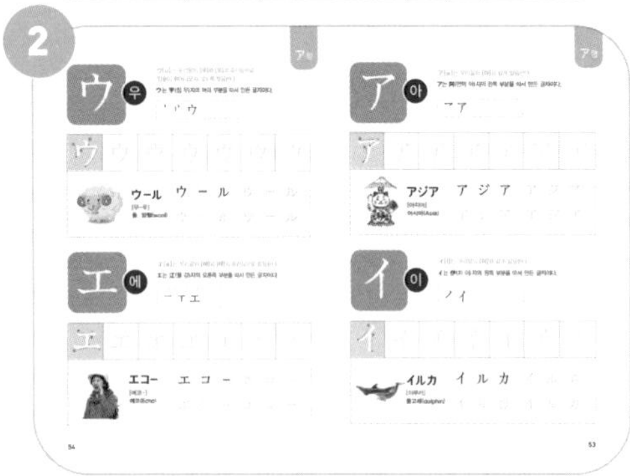

2 카타카나

카타카나는 한문을 배울 때 한자의 발음 표기를 위해 고안되었다. 그러나 오늘날에는 외래어, 의성어, 고유명사 등에 사용된다. 히라가나와 카타카나는 표기는 다르지만 발음은 같기 때문에 히라가나와 카타카나를 동시에 외우는 것도 좋은 방법이다. 일본도 우리나라처럼 외래어가 많지만 영어보다 카타카나 표기를 선호하니 외우는 것이 좋다.

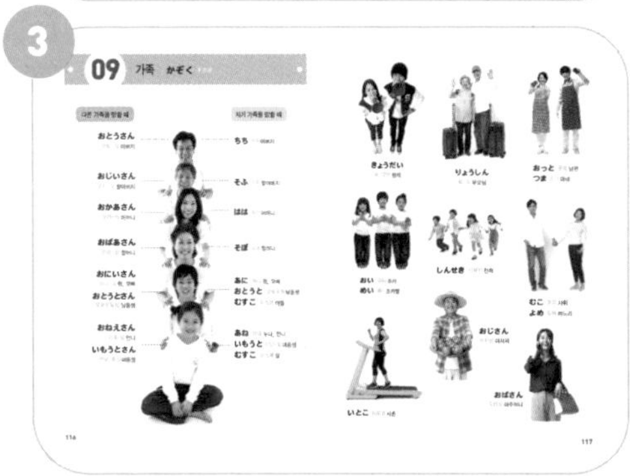

3 기초 일단어

히라가나, 카타카나와 친숙해졌다면 일본어 단어를 익혀보자. 한국어와 비슷한 문법적 표현이 많아 단어를 연결하여 문장으로 만들기도 훨씬 쉽다. 이 책은 일상생활에서 쓰이는 기본적인 단어를 주제별로 엮어 그림과 같이 외우기 쉽게 편집하였다. 단어를 익히면서 발음(촉음 4가지, 발음 4가지, 장음 5가지)에 박자 감각을 더하면서 학습하면 좀 더 쉽게 외울 수 있다.

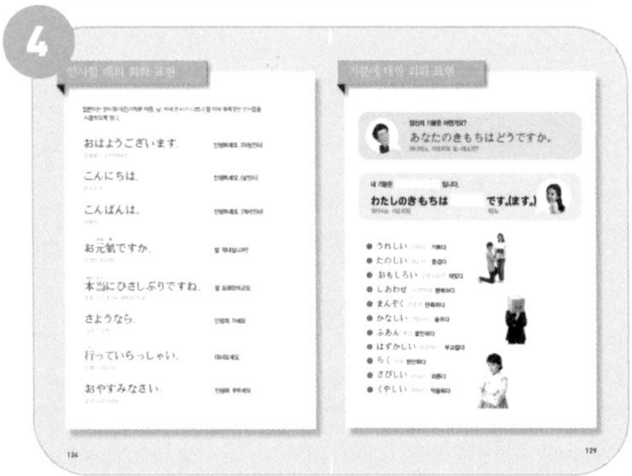

4 필수 일본어 표현 & 연습문제

일본어를 시작하면 회화에 욕심이 나기 마련. 이 코너에서는 많이 쓰는 간단한 회화를 대화형식으로 엮었으며 답변에 여러가지 단어를 넣어가면서 언어의 폭을 넓혀갈 수 있도록 하였다. 또한 연습문제 5회분을 수록하여 최종적으로 늘어난 실력을 확인할 수 있다.

이 책의 특징과 일본어 표기법

1 마침표와 쉼표

● 句点(くてん)

마침표를 일본어에서는 句点이라고 하며 하나의 문(文)이 완전히 끝났을 때 우리는 「.」으로 표기하지만 일본어에서는 「。」로 표기한다.

● 読点(とうてん)

쉼표를 일본어에서는 読点이라고 하며, 문(文)을 일단 중지하거나, 이어짐이 분명하지 않으면 완전히 의미가 달라진 곳에 쓰인다. 가로쓰기의 경우는 우리와 마찬가지로 「,」를 쓰지만, 세로쓰기의 경우는 「、」로 표기한다. 그러나 일본어 표기는 주로 세로쓰기이므로 가로쓰기와 세로쓰기를 가리지 않고 모두 「、」로 표기하는 경우가 많다.

● 띄어쓰기를 하지 않는다

일본어 표기법에서는 원칙적으로 띄어쓰기를 하지 않는다. 그러나 어린이를 대상으로 하는 책이나 외국인을 위한 일본어 학습서 등에서는 학습자의 어법 이해를 돕기 위해 의도적으로 띄어쓰기를 한다. 이 책에서도 위와 같이 띄어쓰기를 하였다.

2 한자

한자(漢字)는 내각고시로 제정한 상용한자(常用漢字) 1945자를 사용하고 있다. 한자의 읽기는 음독(音読)과 훈독(訓読)이 있으며, 우리와는 달리 읽는 방법이 다양하다. 또한 일부분의 한자는 자획을 정리한 약자(新字体)를 사용하기 때문에 우리가 쓰는 정자(正字)로 표기하면 안 된다.

3 오십음도

가나문자를 행(行)과 단(段)으로 나누어 다섯 자씩 10행으로 배열한 것을 오십음도(五十音図)라고 한다.

PART 1

히라가나 익히기

ひらがな

히라가나(ひらがな)를 익히는 것은 일본어 공부의 시작을 의미한다.
우리나라의 ㄱ · ㄴ · ㄷ · ㄹ과 같은 개념이니 히라가나를 모른다면
일본어를 할 수 없는 것과 같다.
헷갈리지 않도록 정확히 외워두도록 하자.

히라가나 익히기

	あ단	い단	う단	え단	お단
あ행	あ ア 아 [a]	い イ 이 [i]	う ウ 우 [U]	え エ 에 [e]	お オ 오 [o]
か행	か カ 카 [ka]	き キ 키 [ki]	く ク 쿠 [ku]	け ケ 케 [ke]	こ コ 코 [ko]
さ행	さ サ 사 [sa]	し シ 시 [si]	す ス 스 [su]	せ セ 세 [se]	そ ソ 소 [so]
た행	た タ 타 [ta]	ち チ 치 [chi]	つ ツ 츠 [tsu]	て テ 테 [te]	と ト 토 [to]
な행	な ナ 나 [na]	に ニ 니 [ni]	ぬ ヌ 누 [nu]	ね ネ 네 [ne]	の ノ 노 [no]
は행	は ハ 하 [ha]	ひ ヒ 히 [hi]	ふ フ 후 [hu]	へ ヘ 헤 [he]	ほ ホ 호 [ho]
ま행	ま マ 마 [ma]	み ミ 미 [mi]	む ム 무 [mu]	め メ 메 [me]	も モ 모 [mo]
や행	や ヤ 야 [ya]		ゆ ユ 유 [yu]		よ ヨ 요 [yo]
ら행	ら ラ 라 [ra]	り リ 리 [ri]	る ル 루 [ru]	れ レ 레 [re]	ろ ロ 로 [ro]
わ행	わ ワ 와 [wa]				を ヲ 오 [o]
	ん ン 응 [n, m, ng]				

あ 아

아[a]는 우리말 **[아]**와 거의 같게 발음한다.
あ는 **安**(편안할 안)자의 초서체가 변형되어 만들어졌다.

一 ナ あ

①② あ ③	あ	あ	あ	あ	あ	あ

あね あね あね
[아네]
누나, 언니
あね あね

い 이

이[i]는 우리말 **[이]**와 거의 같게 발음한다.
い는 **以**(써 이)자의 초서체가 변형되어 만들어졌다.

し い

①② い	い	い	い	い	い	い

いす いす いす
[이스] 의자
いす いす

う 우

う[u]는 우리말의 **[우]**와 **[으]**의 중간음으로 입술이 앞으로 튀어나오지 않도록 발음한다.
う는 **宇**(집 우)자의 초서체가 변형되어 만들어졌다.

う

① ② う	う	う	う	う	う	う

うみ
[우미] **바다**

う	み	う	み
う	み	う	み

え 에

え[e]는 우리말의 **[에]**와 **[애]**의 중간으로 발음한다.
え는 **衣**(옷 의)자의 초서체가 변형되어 만들어졌다.

え

① ② え	え	え	え	え	え	え

えいが
[에이가] **영화**

え	い	が	え	い	が
え	い	が	え	い	が

お 오

お[o]는 우리말 **[오]**와 거의 같게 발음한다.
お는 **於**(어조사 어)자의 초서체가 변형되어 만들어졌다.

ー 十 お お

①②③ お	お	お	お	お	お	お

おかし
[오카시] 과자

おかし おかし
おかし おかし

단어 다시 한번 익히기

[아네]
누나, 언니
あね あね

[이스]
의자
いす いす

[우미]
바다
うみ うみ

[에이가]
영화
えいが えいが

[오카시]
과자
おかし おかし

か 카

か[ka]는 **[가]**와 **[카]**의 중간음으로 단어의 중간이나 끝에 오면 **[까]**에 가깝게 발음한다.

か는 **加**(더할 가)자의 초서체가 변형되어 만들어졌다.

㇇ カ か

か	か	か	か	か	か	か

かお

[카오] 얼굴

かお かお
かお かお

き 키

き[ki]는 우리말의 **[기]**와 **[키]**의 중간음으로 단어의 중간이나 끝에 오면 **[끼]**에 가깝게 발음한다.

き는 **幾**(기미 기)자의 초서체가 변형되어 만들어졌다.

㇀ ニ キ き

き	き	き	き	き	き	き

きのこ

[키노코] 버섯

きのこ きのこ
きのこ きのこ

く 쿠

く[ku]는 우리말의 [구]와 [쿠]의 중간음으로
단어의 중간이나 끝에 오면 [꾸]에 가깝게 발음한다.
く는 久(오랠 구)자의 초서체가 변형되어 만들어졌다.

く

① く く く く く く く

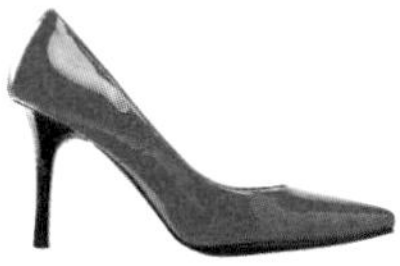

くつ

[쿠츠] 신발

くつ くつ
くつ くつ

け 케

け[ke]는 우리말의 [게]와 [케]의 중간음으로
단어의 중간이나 끝에 오면 [께]에 가깝게 발음한다.
け는 計(꾀 계) 자의 초서체가 변형되어 만들어졌다.

い に け

①②③ け け け け け け け

けんか

[켕카] 싸움

けんか けんか
けんか けんか

こ 코

こ[ko]는 우리말의 [고]와 [코]의 중간음으로
단어의 중간이나 끝에 오면 [꼬]에 가깝게 발음한다.
こ는 己(자기 기)자의 초서체가 변형되어 만들어졌다.

ㇰ こ

①② こ	こ	こ	こ	こ	こ	こ

こめ
[코메] 쌀

こ め こ め
こ め こ め

단어 다시 한번 익히기

[카오]
얼굴
か お か お

[키노코]
버섯
き の こ き の こ

[쿠츠]
신발
く つ く つ

[켕카]
싸움
け ん か け ん か

[코메]
쌀
こ め こ め

さ 사

さ[sa]는 우리말의 **[사]**와 같게 발음한다.
さ는 **左**(왼 좌)자의 초서체가 변형되어 만들어졌다.

一 ナ さ

①②③ さ	さ	さ	さ	さ	さ	さ

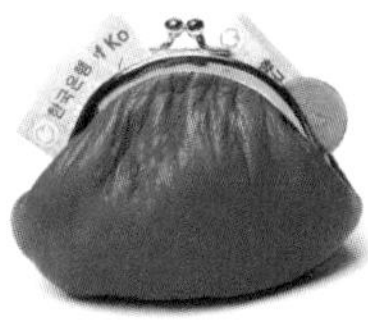

さいふ
[사이후] 지갑

さ い ふ さ い ふ
さ い ふ さ い ふ

し 시

し[si]는 우리말의 **[쉬]**에 가까운 **[시]**로 발음한다.
し는 **之**(갈 지)자의 초서체가 변형되어 만들어졌다.

し

① し	し	し	し	し	し	し

しお
[시오] 소금

し お し お
し お し お

す 스

す[su]는 우리말의 **[수]**와 **[스]**의 중간음으로
[스]에 가깝게 발음한다.
す는 **寸**(마디 촌)자의 초서체가 변형되어 만들어졌다.

一 す

①② す	す	す	す	す	す	す

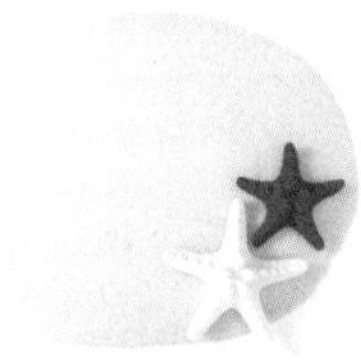

すな
[스나] 모래

す	な	す	な
す	な	す	な

せ 세

せ[se]는 우리말의 **[세]**와 같게 발음한다.
せ는 **世**(인간 세)자의 초서체가 변형되어 만들어졌다.

一 十 せ

①②③ せ	せ	せ	せ	せ	せ	せ

せいと
[세-토] 학생

せ	い	と	せ	い	と
せ	い	と	せ	い	と

そ 소

そ [so]는 우리말의 [소]와 같게 발음한다.
そ는 曽(일찍 증) 자의 초서체가 변형되어 만들어졌다.

そ

① そ	そ	そ	そ	そ	そ	そ

そば
[소바] 메밀국수

そば そば
そば そば

단어 다시 한번 익히기

[사이후]
지갑

さいふ さいふ

[시오]
소금

しお しお

[스나]
모래

すな すな

[세-토]
학생

せいと せいと

[소바]
메밀국수

そば そば

た 타

た[ta]는 우리말의 [다]와 [타]의 중간음으로 단어의 중간이나 끝에 올 때는 [따]에 가깝게 발음한다.

た는 **太**(클 태) 자의 초서체가 변형되어 만들어졌다.

一 ナ た た

た	た	た	た	た	た	た

たこ

[타코] **문어**

たこ たこ

たこ たこ

ち 치

ち[chi]는 우리말의 [치]와 [찌]의 중간음으로 단어의 중간이나 끝에 올 때는 [찌]에 가깝게 발음한다.

ち는 **知**(알 지)자의 초서체가 변형되어 만들어졌다.

一 ち

ち	ち	ち	ち	ち	ち	ち

ちち

[치치] **아버지**

ちち ちち

ちち ちち

つ 츠

つ[tsu]는 우리말의 **[쓰]**, **[쯔]**, **[츠]**의 복합적인 음으로 단어의 중간이나 끝에 올 때는 약간 된소리로 발음한다.

つ는 川(내 천)자의 초서체가 변형되어 만들어졌다.

つ

① つ	つ	つ	つ	つ	つ	つ

つき

[츠키] 달

つき つき
つき つき

て 테

て[te]는 우리말의 **[데]**와 **[테]**의 중간으로, 단어의 중간이나 끝에 올 때는 **[떼]**에 가깝게 발음한다.

て는 天(하늘 천)자의 초서체가 변형되어 만들어졌다.

て

① て	て	て	て	て	て	て

てんき

[텡키] 날씨

てんき てんき
てんき てんき

と 토

と[to]는 우리말의 **[도]**와 **[토]**의 중간으로, 단어의 중간이나 끝에 올 때는 **[또]**에 가깝게 발음한다.

と는 **止**(그칠 지) 자의 초서체가 변형되어 만들어졌다.

丶 と

①と②	と	と	と	と	と	と

とけい [토케이] 시계

とけい とけい

とけい とけい

단어 다시 한번 익히기

[타코] 문어 たこ たこ

[치치] 아버지 ちち ちち

[츠키] 달 つき つき

[텡키] 날씨 てんき てんき

[토케이] 시계 とけい とけい

な 나

な[na]는 우리말의 [나]와 같게 발음한다.
な는 奈(어찌 나) 자의 초서체가 변형되어 만들어졌다.

一 ナ ナ な

①②③④ な	な	な	な	な	な	な

なつ
[나츠] 여름

なつ なつ
なつ なつ

に 니

に[ni]는 우리말의 [니]와 같게 발음한다.
に는 仁(어질 인) 자의 초서체가 변형되어 만들어졌다.

l l' に

①②③ に	に	に	に	に	に	に

にく
[니쿠] 고기

にく にく
にく にく

ぬ 누

ぬ[nu]는 우리말의 **[누]**와 같게 발음한다.
ぬ는 **奴**(종 노)자의 초서체가 변형되어 만들어졌다.

丶 ぬ

ぬ	ぬ	ぬ	ぬ	ぬ	ぬ	ぬ

ぬの
[누노] 천

ぬ の ぬ の
ぬ の ぬ の

ね 네

ね[ne]는 우리말의 **[네]**와 같게 발음한다.
ね는 称(일컬을 칭)자의 초서체가 변형되어 만들어졌다.

亅 ね

ね	ね	ね	ね	ね	ね	ね

ねこ
[네코] 고양이

ね こ ね こ
ね こ ね こ

の 노

の[no]는 우리말의 **[노]**와 같게 발음한다.
の는 **乃**(이에 내)자의 초서체가 변형되어 만들어졌다.

の

の ①	の	の	の	の	の	の

のり
[노리] 풀

のり のり
のり のり

단어 다시 한번 익히기

[나츠]
여름

なつ なつ

[니쿠]
고기

にく にく

[누노]
천

ぬの ぬの

[네꼬]
고양이

ねこ ねこ

[노리]
풀

のり のり

は 하

は[ha]는 우리말의 [하]와 같게 발음한다.
は는 波(물결 파)자의 초서체가 변형되어 만들어졌다.

し に は

① ② ③ は は は は は は は

はこ
[하코] 상자

はこ はこ
はこ はこ

ひ 히

ひ[hi]는 우리말의 [히]와 같게 발음한다.
ひ는 比(견줄 비)자의 초서체가 변형되어 만들어졌다.

ひ

① ひ ひ ひ ひ ひ ひ ひ

ひめ
[히메] 공주

ひめ ひめ
ひめ ひめ

ふ 후

ふ[hu]는 우리말의 **[후]**와 같게 발음한다.

ふ는 **不**(아닐 불)자의 초서체가 변형되어 만들어졌다.

ふ	ふ	ふ	ふ	ふ	ふ	ふ

ふね

[후네] 배

ふ	ね	ふ	ね
ふ	ね	ふ	ね

へ 헤

へ[he]는 우리말의 **[헤]**와 같게 발음한다.

へ는 **部**(거느릴 부)자의 오른쪽 부분이 초서체로 변형되어 만들어졌다.

へ	へ	へ	へ	へ	へ	へ

へび

[헤비] 뱀

へ	び	へ	び
へ	び	へ	び

ほ 호

ほ[ho]는 우리말의 **[호]**와 같게 발음한다.
ほ는 **保**(지킬 보)자의 초서체가 변형되어 만들어졌다.

し ⺊ に ほ

①②③④ ほ	ほ	ほ	ほ	ほ	ほ	ほ

ほん
[홍] 책

ほ ん　ほ ん
ほ ん　ほ ん

단어 다시 한번 익히기

[하코]
상자

はこ　はこ

[히메]
공주

ひめ　ひめ

[후네]
배

ふね　ふね

[헤비]
뱀

へび　へび

[홍]
책

ほん　ほん

ま 마

ま[ma]는 우리말의 **[마]**와 같게 발음한다.
ま는 **末**(아닐 미)자의 초서체가 변형되어 만들어졌다.

一 こ ま

①③② ま	ま	ま	ま	ま	ま	ま

まめ
[마메] 콩

まめ まめ
まめ まめ

み 미

み[mi]는 우리말의 **[미]**와 같게 발음한다.
み는 **美**(아름다울 미)자의 초서체가 변형되어 만들어졌다.

ㄋ み

①② み	み	み	み	み	み	み

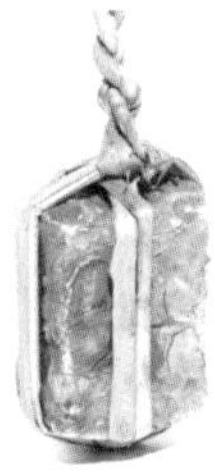

みそ
[미소] **된장**

みそ みそ
みそ みそ

む 무

む[mu]는 우리말의 [무]와 같게 발음한다.
む는 武(굳셀 무)자의 초서체가 변형되어 만들어졌다.

ー む む

む	む	む	む	む	む	む

むし
[무시] 벌레

むし むし
むし むし

め 메

め[me]는 우리말의 [메]와 같게 발음한다.
め는 女(계집 녀)자의 초서체가 변형되어 만들어졌다.

丶 め

め	め	め	め	め	め	め

め
[메] 눈

め め め
め め め

も 모

も[mo]는 우리말의 **[모]**와 같게 발음한다.
も는 **毛**(터럭 모)자의 초서체가 변형되어 만들어졌다.

し も も

①②③ も	も	も	も	も	も	も

もも
[모모] 복숭아

もも もも
もも もも

단어 다시 한번 익히기

[마메]
콩

まめ まめ

[미소]
된장

みそ みそ

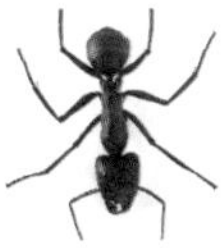

[무시]
벌레

むし むし

[메]
눈

め め め

[모모]
복숭아

もも もも

や 야

や[ya]는 우리말의 [야]와 같게 발음한다.

や는 也(어조사 야)자의 초서체가 변형되어 만들어졌다.

つ う や

①②③ や	や	や	や	や	や	や

やさい

[야사이]

야채, 채소

やさい やさい

やさい やさい

ゆ 유

ゆ[yu]는 우리말의 [유]와 같게 발음한다.

ゆ는 由(말미암을 유)자의 초서체가 변형되어 만들어졌다.

ゆ ゆ

①② ゆ	ゆ	ゆ	ゆ	ゆ	ゆ	ゆ

ゆき

[유키] 눈

ゆき ゆき

ゆき ゆき

よ 요

よ[yo]는 우리말의 **[요]**와 같게 발음한다.
よ는 **与**(줄 여)자의 초서체가 변형되어 만들어졌다.

ㄱ よ

よ よ よ よ よ よ よ

よめ よめ よめ
[요메] よめ よめ
며느리

단어 다시 한번 익히기

[야사이]
야채, 채소
やさい やさい

[유키]
눈
ゆき ゆき

[요메]
며느리
よめ よめ

ら 라

ら[ra]는 우리말의 [라]와 같으며 단어의 첫머리에 오더라도 우리말처럼 [나]로 변하지 않는다.
ら는 良(좋을 량)자의 초서체가 변형되어 만들어졌다.

ら ① ②	ら	ら	ら	ら	ら	ら

さら
[사라] **접시**

さ ら さ ら
さ ら さ ら

り 리

り[ri]는 우리말의 [리]와 같으며 단어의 첫머리에 오더라도 우리말처럼 [이]로 변하지 않는다.
り는 利(이로울 리)자의 오른쪽 부분을 흘려 써 만든 글자이다.

り ① ②	り	り	り	り	り	り

りんご
[링고] **사과**

り ん ご り ん ご
り ん ご り ん ご

る 루

る[ru]는 우리말의 **[루]**와 같으며 단어의 첫머리에 오더라도 우리말처럼 **[누]**로 변하지 않는다.

る는 **留**(머무를 류)자의 초서체가 변형되어 만들어졌다.

る

① る る る る る る る

さる

[사루] **원숭이**

さる さる

さる さる

れ 레

れ[re]는 우리말의 **[레]**와 같으며 단어의 첫머리에 오더라도 우리말처럼 **[네]**로 변하지 않는다.

れ는 **礼**(예도 례)자의 초서체가 변형되어 만들어졌다.

丨 れ

①② れ れ れ れ れ れ れ

れつ

[레츠] **줄, 열**

れつ れつ

れつ れつ

ろ 로

ろ[ro]는 우리말의 **[로]**와 같으며 단어의 첫머리에 오더라도 우리말처럼 **[노]**로 변하지 않는다.
ろ는 呂(음률 려)자의 초서체가 변형되어 만들어졌다.

ろ

① ろ	ろ	ろ	ろ	ろ	ろ	ろ

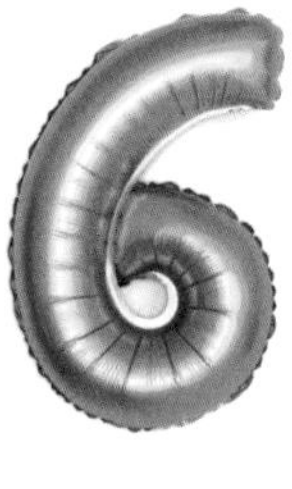

ろく
[로쿠] 6, 여섯

ろく ろく
ろく ろく

단어 다시 한번 익히기

[사라]
접시

さら さら

[링고]
사과

りんご りんご

[사루]
원숭이

さる さる

[레츠]
줄, 열

れつ れつ

[로쿠]
6, 여섯

ろく ろく

わ 와

わ[wa]는 우리말의 [와]와 같게 발음한다.

わ는 和(화할 화)자의 초서체가 변형되어 만들어졌다.

| ㇑ わ

わ	わ	わ	わ	わ	わ	わ

わたし

[와타시] 저, 나

わ た し わ た し

わ た し わ た し

を 오

を[o]는 お와 발음이 같지만 우리말의 [을(를)]에 해당하는 조사로만 쓰인다.

を는 袁(옷길 원)자의 초서체가 변형되어 만들어졌다.

一 ち を

を	を	を	を	を	を	を

としをとる

[토시오토루] 늙다

と し を と る

と し を と る

ん 응

ん[n, m, ng]은 다른 글자 밑에서 받침으로만 쓰이며 [ㅇ, ㄴ, ㅁ] 등으로 발음한다.

ん은 **无**(없을 무)자의 초서체가 변형되어 만들어졌다.

ん

① ん	ん	ん	ん	ん	ん	ん

せんす
[센스] 부채

せ ん す せ ん す
せ ん す せ ん す

단어 다시 한번 익히기

[와타시]
저, 나

わ た し わ た し

[토시오토루]
늙다

と し を と る

[센스]
부채

せ ん す せ ん す

탁음·반탁음 익히기

탁음(濁音)이란 청음(淸音)에 비해 탁한 소리를 말하며, **か·さ·た·は**행의 글자 오른쪽 윗부분에 탁점(゛)을 붙인 음을 말한다. **だ**행의 **ぢ·づ**는 **ざ**행의 **じ·ず**와 발음이 동일하여 현대어에는 특별한 경우 이외는 별로 쓰이지 않는다.

반탁음(半濁音)은 **は**행의 오른쪽 윗부분에 반탁점(゜)을 붙인 것을 말한다. 반탁음은 우리말의 **ㅍ**과 **ㅃ**의 중간음으로 단어의 첫머리에 올 경우에는 **ㅍ**에 가깝게 발음하고, 단어의 중간이나 끝에 올 때는 **ㅃ**에 가깝게 발음한다.

	あ단	い단	う단	え단	お단
が행	が 가 [ga]	ぎ 기 [gi]	ぐ 구 [gu]	げ 게 [ge]	ご 고 [go]
ざ행	ざ 자 [za]	じ 지 [zi]	ず 즈 [zu]	ぜ 제 [ze]	ぞ 조 [zo]
だ행	だ 다 [da]	ぢ 지 [zi]	づ 즈 [zu]	で 데 [de]	ど 도 [do]
ば행	ば 바 [ba]	び 비 [bi]	ぶ 부 [bu]	べ 베 [be]	ぼ 보 [bo]
ぱ행	ぱ 파 [pa]	ぴ 피 [pi]	ぷ 푸 [pu]	ぺ 페 [pe]	ぽ 포 [po]

が행

が행의 발음은 **か**행과는 달리 처음과 끝, 또는 중간에 올 때도 마찬가지로 **가 · 기 · 구 · 게 · 고**로 발음하며, 도쿄 지방에서는 비음(鼻音)으로 발음한다.

が
가(ga)

が が が が が

がか [가카] 화가 が か

ぎ
기(gi)

ぎ ぎ ぎ ぎ ぎ

ぎん [깅] 은 ぎ ん

ぐ
구(gu)

ぐ ぐ ぐ ぐ ぐ

ぐんか [궁카] 군가 ぐ ん か

げ
게(ge)

げ げ げ げ げ

げんゆ [겡유] 원유 げ ん ゆ

ご
고(go)

ご ご ご ご ご

ごらく [고라쿠] 오락 ご ら く

ざ행 ざ행의 발음은 우리말에 없어서 정확히 발음하기 어렵지만 대체적으로 **자 · 지 · 즈 · 제 · 조**로 발음하면 된다. 입 모양은 **さ**행과 동일하다.

ざ 자(za)	ざ	ざ	ざ	ざ	ざ
	ざせき [자세키] 좌석 ざせき				
じ 지(zi)	じ	じ	じ	じ	じ
	じしょ [지쇼] 사전 じしょ				
ず 즈(zu)	ず	ず	ず	ず	ず
	ずつう [즈츠-] 두통 ずつう				
ぜ 제(ze)	ぜ	ぜ	ぜ	ぜ	ぜ
	ぜんご [젱고] 전후, 앞뒤 ぜんご				
ぞ 조(zo)	ぞ	ぞ	ぞ	ぞ	ぞ
	ぞうきん [조-킹] 걸레 ぞうきん				

だ행

だ행은 だ, で, ど는 우리말의 **다 · 데 · 도**로 발음하고, **ぢ · づ**는 **ざ**행의 **じ · ず**와 발음이 동일하며, **지 · 즈**로 발음한다.

だ
다(da)

だ だ だ だ だ

だんろ [당로] 난로 だ ん ろ

ぢ
지(zi)

ぢ ぢ ぢ ぢ ぢ

はなぢ [하나지] 코피 は な ぢ

づ
즈(zu)

づ づ づ づ づ

つづみ [츠즈미] 북 つ づ み

で
데(de)

で で で で で

でんわ [뎅와] 전화 で ん わ

ど
도(do)

ど ど ど ど ど

どうろ [도-로] 도로 ど う ろ

ば 행

ば 행은 우리말의 **바 · 비 · 부 · 베 · 보**와 발음이 거의 비슷하다. 단, ぶ는 입술을 둥글게 하여 발음하지 않도록 한다.

ば
바(ba)

ば ば ば ば ば

ばか [바카] 바보 ば か

び
비(bi)

び び び び び

びぼう [비보-] 미모 び ぼ う

ぶ
부(bu)

ぶ ぶ ぶ ぶ ぶ

ぶた [부타] 돼지 ぶ た

べ
베(be)

べ べ べ べ べ

かべ [카베] 벽 か べ

ぼ
보(bo)

ぼ ぼ ぼ ぼ ぼ

ぼく [보쿠] 나 ぼ く

ぱ행

ぱ행의 반탁음은 우리말의 ㅍ과 ㅃ의 중간음으로 단어의 첫머리에 올 경우에는 ㅍ에 가깝게 발음하고, 단어의 중간이나 끝에 올때는 ㅃ에 가깝게 발음한다.

ぱ 파(pa)

ぱ ぱ ぱ ぱ ぱ

はっぱ [핫파] 잎, 잎사귀 はっぱ

ぴ 피(pi)

ぴ ぴ ぴ ぴ ぴ

ぴかぴか [피카피카] 반짝반짝 ぴかぴか

ぷ 푸(pu)

ぷ ぷ ぷ ぷ ぷ

しんぷ [신푸] 신부, 새색시 しんぷ

ぺ 페(pe)

ぺ ぺ ぺ ぺ ぺ

ぺこぺこ [페코페코] 꼬르륵 ぺこぺこ

ぽ 포(po)

ぽ ぽ ぽ ぽ ぽ

ぽんぽん [퐁퐁] 탕탕 (세게치는 소리) ぽんぽん

요음 익히기

요음(拗音)이란 **い**단 글자 중 자음인 **き·し·ち·に·ひ·み·り·ぎ·じ·び·ぴ**에 반모음의 작은 글자 **ゃ·ゅ·ょ**를 붙인 음을 말한다. 따라서 **ゃ·ゅ·ょ**는 우리말의 **ㅑ·ㅠ·ㅛ** 같은 역할을 한다.

	～ゃ	～ゅ	～ょ
きゃ행	きゃ 캬 [kya]	きゅ 큐 [kyu]	きょ 쿄 [kyo]
しゃ행	しゃ 샤 [sya]	しゅ 슈 [syu]	しょ 쇼 [syo]
ちゃ행	ちゃ 챠 [cha]	ちゅ 츄 [chu]	ちょ 쵸 [cho]
にゃ행	にゃ 냐 [nya]	にゅ 뉴 [nyu]	にょ 뇨 [nyo]
ひゃ행	ひゃ 햐 [hya]	ひゅ 휴 [hyu]	ひょ 효 [hyo]
みゃ행	みゃ 먀 [mya]	みゅ 뮤 [myu]	みょ 묘 [myo]
りゃ행	りゃ 랴 [rya]	りゅ 류 [ryu]	りょ 료 [ryo]
ぎゃ행	ぎゃ 갸 [gya]	ぎゅ 규 [gyu]	ぎょ 교 [gyo]
じゃ행	じゃ 쟈 [zya]	じゅ 쥬 [zyu]	じょ 죠 [zyo]
びゃ행	びゃ 뱌 [bya]	びゅ 뷰 [byu]	びょ 뵤 [byo]
ぴゃ행	ぴゃ 퍄 [pya]	ぴゅ 퓨 [pyu]	ぴょ 표 [pyo]

きゃ행

きゃ행은 단어 첫머리에 오면 **캬 · 큐 · 쿄**로 발음하며 중간이나 끝에 오면 **꺄 · 뀨 · 꾜**로 강하게 발음한다.

きゃ 캬(kya)	きゃ	きゃ	きゃ	きゃ
	きゃく [캬쿠] 손님			
きゅ 큐(kyu)	きゅ	きゅ	きゅ	きゅ
	やきゅう [야큐–] 야구			
きょ 쿄(kyo)	きょ	きょ	きょ	きょ
	きょり [쿄리] 거리			

しゃ행

しゃ행은 우리말의 **샤 · 슈 · 쇼**와 거의 같은 발음이다. 로마자 표기에서는 sya · syu · syo와 sha · shu · sho 두 가지로 쓰인다.

しゃ 샤(sya)	しゃ	しゃ	しゃ	しゃ
	しゃこ [샤코] 차고			
しゅ 슈(syu)	しゅ	しゅ	しゅ	しゅ
	しゅみ [슈미] 취미			
しょ 쇼(syo)	しょ	しょ	しょ	しょ
	しょるい [쇼루이] 서류			

ちゃ행

ちゃ행은 첫머리에서는 **챠·츄·쵸**로 발음하지만, 중간이나 끝에 오면 강한 소리인 **쨔·쮸·쬬**로 발음한다.

ちゃ 챠(cha)	ちゃ	ちゃ	ちゃ	ちゃ
	ちゃいろ [챠이로] 갈색			
ちゅ 츄(chu)	ちゅ	ちゅ	ちゅ	ちゅ
	ちゅうしゃ [츄–샤] 주차			
ちょ 쵸(cho)	ちょ	ちょ	ちょ	ちょ
	ちょうさ [쵸–사] 조사			

にゃ행

にゃ행은 우리말의 **냐·뉴·뇨**와 거의 비슷하다. 우리말에서는 처음에 오면 **야·유·요**로 발음하지만 일본어에서는 그렇지 않다.

にゃ 냐(nya)	しゃ	しゃ	しゃ	しゃ
	にゃんこ [냥코] **고양이**(유아어)			
にゅ 뉴(nyu)	しゅ	しゅ	しゅ	しゅ
	きにゅう [기뉴–] 기입			
にょ 뇨(nyo)	しょ	しょ	しょ	しょ
	にょうぼう [뇨–보–] 아내, 처			

ひゃ행

ひゃ행은 우리말의 **햐·휴·효**와 거의 비슷하다. 발음이 어렵다고 **하·후·호**로 발음하지 않도록 주의한다.

ひゃ 햐(hya)	ひゃ	ひゃ	ひゃ	ひゃ
	ひゃく [햐큐] 백, 100			
ひゅ 휴(hyu)	ひゅ	ひゅ	ひゅ	ひゅ
	ひゅうが [휴-가] 일본의 옛 지방 이름			
ひょ 효(hyo)	ひょ	ひょ	ひょ	ひょ
	だいひょう [다이효-] 대표			

みゃ행

みゃ행은 우리말의 **먀·뮤·묘**에 해당한다. 발음하기 힘들다고 **마·무·모**로 발음하지 않도록 주의한다.

みゃ 먀(mya)	みゃ	みゃ	みゃ	みゃ
	さんみゃく [삼먀큐] 산맥			
みゅ 뮤(myu)	みゅ	みゅ	みゅ	みゅ
みょ 묘(myo)	みょ	みょ	みょ	みょ
	みょうにち [묘-니치] 내일			

りゃ행

りゃ행은 우리말의 **랴 · 류 · 료**에 해당하는 음으로, 우리말처럼 처음에 오더라도 **야 · 유 · 요**로 발음하지 않도록 주의한다.

りゃ 랴(rya)	りゃ	りゃ	りゃ	りゃ
	りゃくず [랴쿠즈] 약도			

りゅ 류(ryu)	りゅ	りゅ	りゅ	りゅ
	りゅう [류-] 용			

りょ 료(ryo)	りょ	りょ	りょ	りょ
	りょこう [료코-] 여행			

ぎゃ행

ぎゃ행은 きゃ행에 탁음(濁音)이 붙은 것으로 우리말의 **갸 · 규 · 교**에 해당한다. 처음에 오면 유성음으로 발음한다.

ぎゃ 갸(gya)	ぎゃ	ぎゃ	ぎゃ	ぎゃ
	ぎゃくしゅう [갸쿠슈-] 역습			

ぎゅ 규(gyu)	ぎゅ	ぎゅ	ぎゅ	ぎゅ
	ぎゅうにく [규-니쿠] 쇠고기			

ぎょ 교(gyo)	ぎょ	ぎょ	ぎょ	ぎょ
	ぎょるい [교루이] 어류			

じゃ행

じゃ행은 우리말의 **쟈・쥬・죠**에 해당한다. 참고로 현대에서는 거의 쓰이지 않는다.

じゃ 쟈(zya)	じゃ	じゃ	じゃ	じゃ
	じゃぐち [쟈구치] 수도꼭지			
じゅ 쥬(zyu)	じゅ	じゅ	じゅ	じゅ
	のじゅく [노쥬쿠] 노숙			
じょ 죠(zyo)	じょ	じょ	じょ	じょ
	じょせい [죠세이] 여성			

びゃ행

びゃ행은 ひゃ행에 탁음(濁音)이 붙은 것으로 우리말의 **뱌・뷰・뵤**에 해당한다. **바・부・보**로 발음하지 않도록 한다.

びゃ 뱌(bya)	びゃ	びゃ	びゃ	びゃ
	さんびゃく [삼뱌쿠] 삼백			
びゅ 뷰(byu)	びゅ	びゅ	びゅ	びゅ
	ごびゅう [고뷰-] 오류			
びょ 뵤(byo)	びょ	びょ	びょ	びょ
	びょうき [뵤-키] 병, 아픔			

ぴゃ행

ぴゃ행은 처음에 오면 **퍄 · 퓨 · 표**로 발음하지만, 중간이나 끝에 올 때는 **뺘 · 쀼 · 뾰**로 세게 발음한다.

ぴゃ 퍄(pya)	ぴゃ	ぴゃ	ぴゃ	ぴゃ
	ろっぴゃく [롭퍄쿠] 육백, 600			
ぴゅ 퓨(pyu)	ぴゅ	ぴゅ	ぴゅ	ぴゅ
	ぴゅうぴゅう [퓨-퓨] 쌩쌩(바람이 부는 소리)			
ぴょ 표(pyo)	ぴょ	ぴょ	ぴょ	ぴょ
	すんぴょう [슨표-] 촌평, 단평			

PART 2

카타카나 익히기

カタカナ

카타카나(カタカナ)는 한자의 일부를 따거나 획을 간단히 한 문자로 외래어를 표기할 때 주로 쓰이며, 전보문 · 의성어, 어려운 한자로 표기해야 할 동식물의 명칭 등에 주로 사용한다.

카타카나 익히기

	ア단	イ단	ウ단	エ단	オ단
ア행	ア あ 아[a]	イ い 이[i]	ウ う 우[u]	エ え 에[e]	オ お 오[o]
カ행	カ か 카[ka]	キ き 키[ki]	ク く 쿠[ku]	ケ け 케[ke]	コ こ 코[ko]
サ행	サ さ 사[sa]	シ し 시[si]	ス す 스[su]	セ せ 세[se]	ソ そ 소[so]
タ행	タ た 타[ta]	チ ち 치[chi]	ツ つ 츠[tsu]	テ て 테[te]	ト と 토[to]
ナ행	ナ な 나[na]	ニ に 니[ni]	ヌ ぬ 누[nu]	ネ ね 네[ne]	ノ の 노[no]
ハ행	ハ は 하[ha]	ヒ ひ 히[hi]	フ ふ 후[hu]	ヘ へ 헤[he]	ホ ほ 호[ho]
マ행	マ ま 마[ma]	ミ み 미[mi]	ム む 무[mu]	メ め 메[me]	モ も 모[mo]
ヤ행	ヤ や 야[ya]		ユ ゆ 유[yu]		ヨ よ 요[yo]
ラ행	ラ ら 라[ra]	リ り 리[ri]	ル る 루[ru]	レ れ 레[re]	ロ ろ 로[ro]
ワ행	ワ わ 와[wa]				ヲ を 오[o]
	ン ん 응[n, m, ng]				

ア 아

ア[a]는 우리말의 [아]와 같게 발음한다.
ア는 **阿**(언덕 아)자의 왼쪽 부분을 따서 만든 글자이다.

フ ア

① ② ア	ア	ア	ア	ア	ア	ア

アジア
[아지아]
아시아(Asia)

ア ジ ア ア ジ ア
ア ジ ア ア ジ ア

イ 이

イ[i]는 우리말의 [이]와 같게 발음한다.
イ는 **伊**(저 이)자의 왼쪽 부분을 따서 만든 글자이다.

ノ イ

① ② イ	イ	イ	イ	イ	イ	イ

イルカ
[이루카]
돌고래(dolphin)

イ ル カ イ ル カ
イ ル カ イ ル カ

ウ 우

ウ[u]는 우리말의 [우]와 [으]의 중간음으로 입술이 튀어나오지 않도록 발음한다.

ウ는 **宇**(집 우)자의 머리 부분을 따서 만든 글자이다.

丶 ㆍ冖 ウ

①②③ ウ	ウ	ウ	ウ	ウ	ウ	ウ

ウール

[우-루]

울, 양털(wool)

ウ ー ル ウ ー ル

ウ ー ル ウ ー ル

エ 에

エ[e]는 우리말의 [에]와 [애]의 중간음으로 발음한다.

エ는 **江**(물 강)자의 오른쪽 부분을 따서 만든 글자이다.

一 丅 エ

①②③ エ	エ	エ	エ	エ	エ	エ

エコー

[에코-]

메아리(echo)

エ コ ー エ コ ー

エ コ ー エ コ ー

オ 오

オ[o]는 우리말의 [오]와 같게 발음한다.
オ는 **於**(어조사 어)자의 왼쪽 부분을 따서 만든 글자이다.

一 ナ オ

オ	オ	オ	オ	オ	オ	オ

オウム
[오우무] **앵무새**

オ ウ ム オ ウ ム
オ ウ ム オ ウ ム

단어 다시 한번 익히기

[아지아]
아시아
ア ジ ア ア ジ ア

[이루카]
돌고래
イ ル カ イ ル カ

[우-루]
울, 양털
ウ ー ル ウ ー ル

[에코-]
메아리
エ コ ー エ コ ー

[오우무]
앵무새
オ ウ ム オ ウ ム

カ 카

カ[ka]는 [가]와 [카]의 중간음으로 단어의 중간이나 끝에 오면 [까]에 가깝게 발음한다.

カ는 **加**(더할 가)자의 왼쪽 부분을 따서 만든 글자이다.

フ カ

カ	カ	カ	カ	カ	カ	カ

カメラ
[카메라]
카메라(camera)

カ メ ラ カ メ ラ
カ メ ラ カ メ ラ

キ 키

キ[ki]는 우리말의 [기]와 [키]의 중간음으로 단어의 중간이나 끝에 오면 [끼]에 가깝게 발음한다.

キ는 **幾**(기미 기)자의 가운데 부분을 따서 만든 글자이다.

一 二 キ

キ	キ	キ	キ	キ	キ	キ

キー
[키-]
키, 열쇠(key)

キ ー キ ー
キ ー キ ー

ク 쿠

ク[ku]는 우리말의 [구]와 [쿠]의 중간음으로
단어의 중간이나 끝에 오면 [꾸]에 가깝게 발음한다.
ク는 久(오랠 구)자의 왼쪽 부분을 따서 만든 글자이다.

ノ ク

①② ク	ク	ク	ク	ク	ク	ク

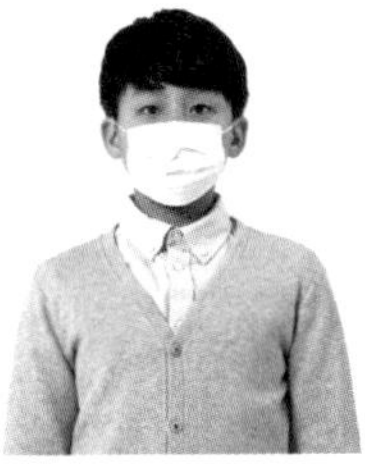

マスク マ ス ク マ ス ク
[마스쿠]
마스크(mask)
マ ス ク マ ス ク

ケ 케

ケ[ke]는 우리말의 [게]와 [케]의 중간음으로
단어의 중간이나 끝에 오면 [께]에 가깝게 발음한다.
ケ는 介(끼일 개)자의 한 획을 없애서 만든 글자이다.

ノ ト ケ

①②③ ケ	ケ	ケ	ケ	ケ	ケ	ケ

ケーキ ケ ー キ ケ ー キ
[케-키]
케이크(cake)
ケ ー キ ケ ー キ

コ 코

コ [ko]는 우리말의 [고]와 [코]의 중간음으로 단어의 중간이나 끝에 오면 [꼬]에 가깝게 발음한다.

コ는 己(자기 기)자의 윗부분을 따서 만든 글자이다.

ㄱ コ

① ② コ	コ	コ	コ	コ	コ	コ

コアラ
[코아라]
코알라(koala)

コ ア ラ コ ア ラ
コ ア ラ コ ア ラ

단어 다시 한번 익히기

[카메라]
카메라

カ メ ラ カ メ ラ

[키-]
키, 열쇠

キ ー キ ー

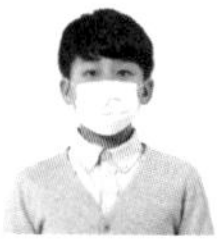

[마스쿠]
마스크

マ ス ク マ ス ク

[케-키]
케이크

ケ ー キ ケ ー キ

[코아라]
코알라

コ ア ラ コ ア ラ

サ 사

サ [sa]는 우리말의 [사]와 같게 발음한다.

サ는 **散**(흩어질 산)자의 왼쪽 윗부분을 따서 만든 글자이다.

一 十 サ

① ② ③ サ サ サ サ サ サ サ

サラダ

[사라다]

샐러드(salad)

サ ラ ダ サ ラ ダ

サ ラ ダ サ ラ ダ

シ 시

シ [si]는 우리말의 [쉬]에 가까운 [시]로 발음한다.

シ는 **之**(갈 지)자를 변형해서 만든 글자이다.

丶 丷 シ

① ② ③ シ シ シ シ シ シ シ

シネマ

[시네마]

시네마(cinema)

シ ネ マ シ ネ マ

シ ネ マ シ ネ マ

ス 스

ス[su]는 우리말의 [수]와 [스]의 중간음로 [스]에 가깝게 발음한다.

ス는 須(모름지기 수)자의 오른쪽 일부분을 따서 만든 글자이다.

フ ス

ス ① ②	ス	ス	ス	ス	ス	ス

カラス
[카라스]
까마귀

カ ラ ス カ ラ ス
カ ラ ス カ ラ ス

セ 세

セ[se]는 우리말의 [세]와 같게 발음한다.

セ는 世(인간 세)자의 일부분을 따서 만든 글자이다.

一 セ

セ ① ②	セ	セ	セ	セ	セ	セ

セロリ
[세로리]
셀러리(celery)

セ ロ リ セ ロ リ
セ ロ リ セ ロ リ

ソ 소

ソ [so]는 우리말의 **[소]**와 같게 발음한다.
ソ는 **曽**(일찍 증)자의 윗부분을 따서 만든 글자이다.

丶 ソ

①ソ②	ソ	ソ	ソ	ソ	ソ	ソ

ソース
[소-스]
소스(sauce)

ソ ー ス ソ ー ス
ソ ー ス ソ ー ス

단어 다시 한번 익히기

[사라다]
샐러드
サ ラ ダ サ ラ ダ

[시네마]
시네마
シ ネ マ シ ネ マ

[카라스]
까마귀
カ ラ ス カ ラ ス

[세로리]
셀러리
セ ロ リ セ ロ リ

[소-스]
소스
ソ ー ス ソ ー ス

タ 타

タ [ta]는 우리말의 [다]와 [타]의 중간음으로 단어의 중간이나 끝에 올 때는 [따]에 가깝게 발음한다.

タ는 多(많을 다)자의 윗부분을 따서 만든 글자이다.

ノ ク タ

タ	タ	タ	タ	タ	タ	タ

タオル

[타오루]

타월, 수건 (towel)

タ オ ル タ オ ル

タ オ ル タ オ ル

チ 치

チ [chi]는 우리말의 [치]와 [찌]의 중간음으로 단어의 중간이나 끝에 올 때는 [찌]에 가깝게 발음한다.

チ는 千(일천 천)자를 그대로 본떠서 만든 글자이다.

ノ 二 チ

チ	チ	チ	チ	チ	チ	チ

チーズ

[치-즈]

치즈(cheese)

チ ー ズ チ ー ズ

チ ー ズ チ ー ズ

ツ 츠

ツ[tsu]는 우리말의 [쓰], [쯔], [츠]의 복합적인 음으로 단어의 중간이나 끝에 올 때는 약간 된소리로 발음한다.

ツ는 川(내 천)자를 변형해서 만든 글자이다.

丶 〃 ツ

ツ	ツ	ツ	ツ	ツ	ツ	ツ

ツアー
[츠아－]
투어(tour)

ツ ア ー ツ ア ー
ツ ア ー ツ ア ー

テ 테

テ[te]는 우리말의 [데]와 [테]의 중간으로, 단어의 중간이나 끝에 올 때는 [떼]에 가깝게 발음한다.

テ는 天(하늘 천)자의 왼쪽 부분을 변형해서 만든 글자이다.

一 二 テ

テ	テ	テ	テ	テ	テ	テ

テニス
[테니스]
테니스(tennis)

テ ニ ス テ ニ ス
テ ニ ス テ ニ ス

ト 토

ト[to]는 우리말의 **[도]**와 **[토]**의 중간으로,
단어의 중간이나 끝에 올 때는 **[또]**에 가깝게 발음한다.
ト는 **止**(그칠 지)자의 오른쪽 윗부분을 따서 만든 글자이다.

| ト

①ト②	ト	ト	ト	ト	ト	ト

トマト
[토마토]
토마토(tomato)

ト マ ト ト マ ト
ト マ ト ト マ ト

단어 다시 한번 익히기

[타오루]
타월, 수건

タ オ ル タ オ ル

[치-즈]
치즈

チ ー ズ チ ー ズ

[츠아-]
투어

ツ ア ー ツ ア ー

[테니스]
테니스

テ ニ ス テ ニ ス

[토마토]
토마토

ト マ ト ト マ ト

ナ 나

ナ[na]는 우리말의 **[나]**와 같게 발음한다.
ナ는 **奈**(어찌 나)자의 위쪽 한 부분을 따서 만든 글자이다.

一ナ

①② ナ	ナ	ナ	ナ	ナ	ナ	ナ

ナース
[나-스]
간호사(nurse)

ナ ー ス ナ ー ス
ナ ー ス ナ ー ス

ニ 니

ニ[ni]는 우리말의 **[니]**와 같게 발음한다.
ニ는 **二**(두 이)자를 그대로 본떠서 만든 글자이다.

一 ニ

①② ニ	ニ	ニ	ニ	ニ	ニ	ニ

ダニ
[다니]
진드기(mite)

ダ ニ ダ ニ
ダ ニ ダ ニ

ヌ 누

ヌ[nu]는 우리말의 [누]와 같게 발음한다.
ヌ는 **奴**(종 노)자의 오른쪽 부분을 따서 만든 글자이다.

フ ヌ

① ② ヌ	ヌ	ヌ	ヌ	ヌ	ヌ	ヌ

ヌードル
[누-도루]
누들(noodle)

ヌ ー ド ル
ヌ ー ド ル

ネ 네

ネ[ne]는 우리말의 [네]와 같게 발음한다.
ネ는 **称**(일컬을 칭)자의 왼쪽 부분을 따서 만든 글자이다.

丶 ラ ネ ネ

① ② ③ ④ ネ	ネ	ネ	ネ	ネ	ネ	ネ

ネット
[넷토]
네트(net)

ネ ッ ト ネ ッ ト
ネ ッ ト ネ ッ ト

ノ 노

ノ [no]는 우리말의 [노]와 같게 발음한다.

ノ는 乃(이에 내)자의 왼쪽 일부분을 따서 만든 글자이다.

ノ

① ノ	ノ	ノ	ノ	ノ	ノ	ノ

ノート
[노-토]
노트(note)

ノ ー ト ノ ー ト
ノ ー ト ノ ー ト

단어 다시 한번 익히기

[나-스]
간호사

ナ ー ス ナ ー ス

[다니]
진드기

ダ ニ ダ ニ

[누-도루]
누들

ヌ ー ド ル

[넷토]
네트

ネ ッ ト ネ ッ ト

[노-토]
노트

ノ ー ト ノ ー ト

ハ 하

ハ[ha]는 우리말의 [하]와 같게 발음한다.
ハ는 八(여덟 팔)자를 그대로 본떠서 만든 글자이다.

ノ ハ

①② ハ	ハ	ハ	ハ	ハ	ハ	ハ

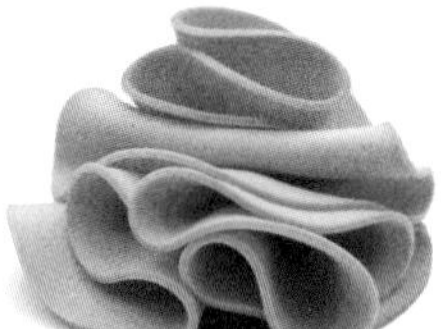

ハム ハ ム ハ ム
[하무]
햄(ham)
ハ ム ハ ム

ヒ 히

ヒ[hi]는 우리말의 [히]와 같게 발음한다.
ヒ는 比(견줄 비)자의 오른쪽 부분을 따서 만든 글자이다.

ノ ヒ

②① ヒ	ヒ	ヒ	ヒ	ヒ	ヒ	ヒ

ヒトデ ヒ ト デ ヒ ト デ
[히토데]
불가사리
(starfish)
ヒ ト デ ヒ ト デ

フ 후

フ [hu]는 우리말의 **[후]**와 같게 발음한다.

フ는 **不**(아닐 불)자의 왼쪽 윗부분을 따서 만든 글자이다.

フ

① フ	フ	フ	フ	フ	フ	フ

フライ フ ラ イ フ ラ イ

[후라이]

프라이(fry) フ ラ イ フ ラ イ

ヘ 헤

ヘ [he]는 우리말의 **[헤]**와 같게 발음한다.

ヘ는 **部**(거느릴 부)자의 오른쪽 부분의 한 획을 따서 변형시킨 글자이다.

ヘ

① ヘ	ヘ	ヘ	ヘ	ヘ	ヘ	ヘ

ヘア ヘ ア ヘ ア

[헤아]

헤어(hair) ヘ ア ヘ ア

ホ 호

ホ[ho]는 우리말의 [호]와 같게 발음한다.

ホ는 **保**(지킬 보)자의 오른쪽 부분을 변형시켜 만든 글자이다.

一 十 才 ホ

ホ ①②③④	ホ	ホ	ホ	ホ	ホ	ホ

ホテル

[호테루]

호텔(hotel)

ホ テ ル　ホ テ ル

ホ テ ル　ホ テ ル

단어 다시 한번 익히기

[하무]

햄

ハ ム　ハ ム

[히토데]

불가사리

ヒ ト デ　ヒ ト デ

[후라이]

프라이

フ ラ イ　フ ラ イ

[헤아]

헤어

ヘ ア　ヘ ア

[호테루]

호텔

ホ テ ル　ホ テ ル

マ 마

マ[ma]는 우리말의 [마]와 같게 발음한다.
マ는 **万**(일만 만)자를 변형시켜 만든 글자이다.

フ マ

①マ②	マ	マ	マ	マ	マ	マ

マイク
[마이쿠]
마이크(mike)

マ イ ク マ イ ク
マ イ ク マ イ ク

ミ 미

ミ[mi]는 우리말의 [미]와 같게 발음한다.
ミ는 **三**(석 삼)자를 그대로 본떠 변형시킨 글자이다.

丶 ⺀ ミ

①②③ミ	ミ	ミ	ミ	ミ	ミ	ミ

ミルク
[미루쿠]
우유(milk)

ミ ル ク ミ ル ク
ミ ル ク ミ ル ク

ム 무

ム[mu]는 우리말의 [무]와 같게 발음한다.

ム는 牟(소우는 소리 모)자의 윗부분을 따서 만든 글자이다.

ㄥ ム

ム	ム	ム	ム	ム	ム	ム

ドラム

[도라무]

드럼(drum)

ド ラ ム ド ラ ム

ド ラ ム ド ラ ム

メ 메

メ[me]는 우리말의 [메]와 같게 발음한다.

メ는 女(계집 녀)자의 2획을 따서 변형시킨 문자이다.

ノ メ

メ	メ	メ	メ	メ	メ	メ

メロン

[메롱]

메론(melon)

メ ロ ン メ ロ ン

メ ロ ン メ ロ ン

モ 모

モ[mo]는 우리말의 [모]와 같게 발음한다.
モ는 毛(터럭 모)자의 1획을 삭제하여 변형시킨 문자이다.

一 二 モ

① ② ③ モ モ モ モ モ モ モ

モデル
[모데루]
모델(model)

モデル モデル
モデル モデル

단어 다시 한번 익히기

[마이쿠]
마이크
マイク マイク

[미루쿠]
우유
ミルク ミルク

[도라무]
드럼
ドラム ドラム

[메롱]
메론
メロン メロン

[모데루]
모델
モデル モデル

ヤ 야

ヤ [ya]는 우리말의 [야]와 같게 발음한다.

ヤ는 **也**(어조사 야)자의 1획을 삭제하여 변형시킨 글자이다.

ㇷ ヤ

ヤ	ヤ	ヤ	ヤ	ヤ	ヤ	ヤ

タイヤ

[타이야]

타이어(tyre)

タ イ ヤ タ イ ヤ

タ イ ヤ タ イ ヤ

ユ 유

ユ [yu]는 우리말의 [유]와 같게 발음한다.

ユ는 **由**(말미암을 유)자의 일부분을 따서 변형시킨 글자이다.

ㇴ ユ

ユ	ユ	ユ	ユ	ユ	ユ	ユ

ユニホーム

[유니호-무]

유니폼(uniform)

ユ ニ ホ ー ム

ユ ニ ホ ー ム

ヨ 요

ヨ [yo]는 우리말의 [요]와 같게 발음한다.
ヨ는 與(줄 여)자의 윗부분을 따서 변형시킨 글자이다.

ㄱ ㅋ ヨ

①②③ ヨ	ヨ	ヨ	ヨ	ヨ	ヨ	ヨ

ヨガ
[요가]
요가(yoga)

ヨ ガ ヨ ガ
ヨ ガ ヨ ガ

단어 다시 한번 익히기

[타이야]
타이어

タ イ ヤ タ イ ヤ

[유니호-무]
유니폼

ユ ニ ホ ー ム

[요가]
요가

ヨ ガ ヨ ガ

ラ 라

ラ [ra]는 우리말의 [라]와 같으며 단어의 첫머리에 오더라도 우리말처럼 [나]로 변하지 않는다.

ラ는 **良**(좋을 량)자의 위쪽 일부분을 따서 변형시킨 글자이다.

ー ラ

ラ ラ ラ ラ ラ ラ ラ

ラジオ
[라지오]
라디오(radio)

ラ ジ オ ラ ジ オ
ラ ジ オ ラ ジ オ

リ 리

リ [ri]는 우리말의 [리]와 같으며 단어의 첫머리에 오더라도 우리말처럼 [이]로 변하지 않는다.

リ는 **利**(이로울 리)자의 오른쪽 부분을 따서 만든 글자이다.

ｌ リ

リ リ リ リ リ リ リ

リボン
[리봉]
리본(ribbon)

リ ボ ン リ ボ ン
リ ボ ン リ ボ ン

ル 루

ル [ru]는 우리말의 [루]와 같으며 단어의 첫머리에 오더라도 우리말처럼 [누]로 변하지 않는다.

ル는 **流**(흐를 류)자의 아랫부분을 따서 변형시킨 글자이다.

ノ ル

①② ル	ル	ル	ル	ル	ル	ル

ルビー

[루비–]

루비(ruby)

ル ビ ー ル ビ ー

ル ビ ー ル ビ ー

レ 레

レ [re]는 우리말의 [레]와 같으며 단어의 첫머리에 오더라도 우리말처럼 [네]로 변하지 않는다.

レ는 **礼**(예도 례)자의 오른쪽 부분을 따서 만든 글자이다.

レ

① レ	レ	レ	レ	レ	レ	レ

レモン

[레몬]

레몬(lemon)

レ モ ン レ モ ン

レ モ ン レ モ ン

ロ 로

ロ[ro]는 우리말의 [로]와 같으며 단어의 첫머리에 오더라도 우리말처럼 [노]로 변하지 않는다.

ロ는 **呂**(음률 려)자의 위쪽 부분을 따서 만든 글자이다.

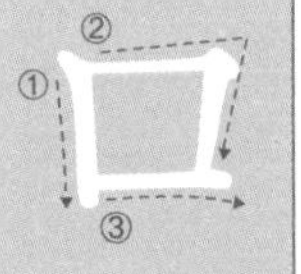

ロ ロ ロ ロ ロ ロ

ロシア
[로시아]
러시아(Russia)

ロ シ ア ロ シ ア
ロ シ ア ロ シ ア

단어 다시 한번 익히기

[라지오]
라디오

ラ ジ オ ラ ジ オ

[리봉]
리본

リ ボ ン リ ボ ン

[루비-]
루비

ル ビ ー ル ビ ー

[레몬]
레몬

レ モ ン レ モ ン

[로시아]
러시아

ロ シ ア ロ シ ア

ワ 와

ワ [wa]는 우리말의 [와]와 같게 발음한다.

ワ는 **和**(화할 화)자의 오른쪽 부분의 1획을 삭제하여 변형시킨 글자이다.

㇀ ワ

① ② ワ	ワ	ワ	ワ	ワ	ワ	ワ

ワイン
[와잉]
와인(wine)

ワ イ ン ワ イ ン
ワ イ ン ワ イ ン

ヲ 오

ヲ [o]는 **オ**와 발음이 같고 지금은 많이 쓰이지 않는다.

ヲ는 **乎**(어조사 호)자의 일부분을 취해서 만든 글자이다.

一 二 ヲ

① ② ③ ヲ	ヲ	ヲ	ヲ	ヲ	ヲ	ヲ

ン 응

ン[n, m, ng]은 다른 글자 밑에서 받침으로만 쓰이며 [ㅇ, ㄴ, ㅁ] 등으로 발음한다.

ン은 카타카나 レ자를 변형시켜 만든 글자이다.

丶 ン

① ② ン ン ン ン ン ン ン

チキン チキン チキン

[치킹]

치킨(chicken) チキン チキン

단어 다시 한번 익히기

[와잉]

와인 ワイン ワイン

[치킹]

치킨 チキン チキン

탁음·반탁음 익히기

탁음(濁音)이란 청음(淸音)에 비해 탁한 소리를 말하며, **カ·サ·タ·ハ**행의 글자 오른쪽 윗부분에 탁점(゛)을 붙인 음을 말한다. **ダ**행의 **ヂ, ヅ**는 **ザ**행의 **ジ, ズ**와 발음이 동일하여 현대어에는 특별한 경우 이외는 별로 쓰이지 않는다.

반탁음(半濁音)은 **ハ**행의 오른쪽 윗부분에 반탁점(゜)을 붙인 것을 말한다. 반탁음은 우리말의 **ㅍ**과 **ㅃ**의 중간음으로 단어의 첫머리에 올 경우에는 **ㅍ**에 가깝게 발음하고, 단어의 중간이나 끝에 올 때는 **ㅃ**에 가깝게 발음한다.

	ア단	イ단	ウ단	エ단	オ단
ガ행	ガ 가 [ga]	ギ 기 [gi]	グ 구 [gu]	ゲ 게 [ge]	ゴ 고 [go]
ザ행	ザ 자 [za]	ジ 지 [zi]	ズ 즈 [zu]	ゼ 제 [ze]	ゾ 조 [zo]
ダ행	ダ 다 [da]	ヂ 지 [zi]	ヅ 즈 [zu]	デ 데 [de]	ド 도 [do]
バ행	バ 바 [ba]	ビ 비 [bi]	ブ 부 [bu]	ベ 베 [be]	ボ 보 [bo]
パ행	パ 파 [pa]	ピ 피 [pi]	プ 푸 [pu]	ペ 페 [pe]	ポ 포 [po]

ガ행

ガ행의 발음은 **カ**행과는 달리 처음과 끝, 또는 중간에 올 때도 마찬가지로 **가 · 기 · 구 · 게 · 고**로 발음하며, 동경지방에서는 비음(鼻音)으로 발음한다.

ガ 가(ga)

ガ ガ ガ ガ ガ

ガウン [가운] 가운 ガ ウ ン

ギ 기(gi)

ギ ギ ギ ギ ギ

ギター [기타–] 기타 ギ タ ー

グ 구(gu)

グ グ グ グ グ

グルメ [구루메] 미식가 グ ル メ

ゲ 게(ge)

ゲ ゲ ゲ ゲ ゲ

ゲート [게–토] 게이트 ゲ ー ト

ゴ 고(go)

ゴ ゴ ゴ ゴ ゴ

ゴーグル [고–구루] 고글 ゴ ー グ ル

ザ행

ザ행의 발음은 우리말에 없어서 정확히 발음하기 어렵지만 대체적으로 **자·지·즈·제·조**로 발음하면 된다. 입 모양은 **サ**행과 동일하다.

ザ 자(za)

ザ ザ ザ ザ ザ

デザイン [데자인] **디자인** デザイン

ジ 지(zi)

ジ ジ ジ ジ ジ

ジープ [지-프] **지프** ジープ

ズ 즈(zu)

ズ ズ ズ ズ ズ

ズボン [즈봉] **바지** ズボン

ゼ 제(ze)

ゼ ゼ ゼ ゼ ゼ

アイゼン [아이젠] **아이젠** アイゼン

ゾ 조(zo)

ゾ ゾ ゾ ゾ ゾ

ゾウ [죠-] **코끼리** ゾウ

ダ행

ダ행의 **ダ, デ, ド**는 우리말의 **다 · 데 · 도**로 발음하고, **ヂ · ヅ**는 **지 · 즈**로 발음한다.

ダ
다(da)

ダ ダ ダ ダ ダ

ダブル [다부루] **더블** ダ ブ ル

ヂ
지(zi)

ヂ ヂ ヂ ヂ ヂ

ヅ
즈(zu)

ヅ ヅ ヅ ヅ ヅ

デ
데(de)

デ デ デ デ デ

デパート [테파–토] **백화점** デ パ ー ト

ド
도(do)

ド ド ド ド ド

ドイツ [도이츠] **독일** ド イ ツ

バ행

バ행은 우리말의 **바 · 비 · 부 · 베 · 보**와 발음이 거의 비슷하다.

バ
바(ba)

バ バ バ バ バ

バター [바타–] 버터

バ タ ー

ビ
비(bi)

ビ ビ ビ ビ ビ

ビール [비–르] 맥주

ビ ー ル

ブ
부(bu)

ブ ブ ブ ブ ブ

ブーツ [부–츠] 부츠

ブ ー ツ

ベ
베(be)

ベ ベ ベ ベ ベ

ベルト [베루토] 벨트

ベ ル ト

ボ
보(bo)

ボ ボ ボ ボ ボ

ボタン [보탕] 단추

ボ タ ン

パ행

パ행의 반탁음은 우리말의 ㅍ과 ㅃ의 중간음으로 단어의 처음에 올 경우에는 ㅍ에 가깝게 발음하고, 단어의 중간이나 끝에 올때는 ㅃ에 가깝게 발음한다.

パ

파(pa)

パ パ パ パ パ

パリ [파리] 파리 パ リ

ピ

피(pi)

ピ ピ ピ ピ ピ

ピアノ [피아노] 피아노 ピ ア ノ

プ

푸(pu)

プ プ プ プ プ

プラグ [푸라구] 플러그 プ ラ グ

ペ

페(pe)

ペ ペ ペ ペ ペ

ページ [페-지] 페이지 ペ ー ジ

ポ

포(po)

ポ ポ ポ ポ ポ

ポーカー [포-카-] 포커 ポ ー カ ー

요음 익히기

요음이란 **イ**단 글자 중 자음인 **キ・シ・チ・ニ・ヒ・ミ・リ・ギ・ジ・ビ・ピ**에 반모음의 작은 글자 **ャ・ュ・ョ**를 붙인 음을 말한다. 따라서 **ャ・ュ・ョ**는 우리말의 **ㅑ・ㅠ・ㅛ** 같은 역할을 한다.

	～ャ	～ュ	～ョ
キャ행	キャ [kya] 캬	キュ [kyu] 큐	キョ [kyo] 쿄
シャ행	シャ [sya] 샤	シュ [syu] 슈	ショ [syo] 쇼
チャ행	チャ [cha] 챠	チュ [chu] 츄	チョ [cho] 쵸
ニャ행	ニャ [nya] 냐	ニュ [nyu] 뉴	ニョ [nyo] 뇨
ヒャ행	ヒャ [hya] 햐	ヒュ [hyu] 휴	ヒョ [hyo] 효
ミャ행	ミャ [may] 먀	ミュ [myu] 뮤	ミョ [myo] 묘
リャ행	リャ [rya] 랴	リュ [ryu] 류	リョ [ryo] 료
ギャ행	ギャ [gya] 갸	ギュ [gyu] 규	ギョ [gyo] 교
ジャ행	ジャ [zya] 쟈	ジュ [zyu] 쥬	ジョ [zyo] 죠
ビャ행	ビャ [bya] 뱌	ビュ [byu] 뷰	ビョ [byo] 뵤
ピャ행	ピャ [kya] 퍄	ピュ [pyu] 퓨	ピョ [pyo] 표

キャ행

キャ행은 처음에 올때는 강한 **캬 · 큐 · 쿄**로 발음한다. 그러나 중간이나 끝에서는 **꺄 · 뀨 · 꾜**로 세게 발음한다.

キャ

캬(kya)

キャキャキャキャ

キャスト [캬스토] 캐스트, 배역

キュ

큐(kyu)

キュキュキュキュ

キューバ [큐–바] 쿠바

キョ

쿄(kyo)

キョキョキョキョ

キョポ [쿄–포] 교포

シャ행

シャ행은 우리말의 **샤 · 슈 · 쇼**와 거의 같은 음(音)이다.
로마자 표기에서는 sya · syu · syo와 sha · shu · sho 두 가지로 쓰인다.

シャ

샤(sya)

シャシャシャシャ

シャープ [샤–푸] 샤프

シュ

슈(syu)

シュシュシュシュ

シュガー [슈–가] 설탕

ショ

쇼(syo)

ショショショショ

ショー [쇼–] 구경거리

チャ행 **チャ**행은 어두에서는 **챠 · 츄 · 쵸**로 발음하지만, 중간이나 끝에 오면 강한 소리인 **쨔 · 쮸 · 쬬**로 발음한다.

チャ 챠(cha)	チャ	チャ	チャ	チャ
	チャイナ [챠이나] 차이나, 중국			
チュ 츄(chu)	チュ	チュ	チュ	チュ
	チューブ [츄-부] 튜브			
チョ 쵸(cho)	チョ	チョ	チョ	チョ
	チョイス [쵸이스] 선택			

ニャ행 **ニャ**행은 우리말의 **냐 · 뉴 · 뇨**와 거의 비슷하다. 우리말에서는 어두에 오면 **야 · 유 · 요**로 발음하지만 일본어에서는 그렇지 않다.

ニャ 냐(nya)	ニャ	ニャ	ニャ	ニャ
ニュ 뉴(nyu)	ニュ	ニュ	ニュ	ニュ
	ニュース [뉴-스] 뉴스			
ニョ 뇨(nyo)	ニョ	ニョ	ニョ	ニョ

ヒャ행

ヒャ행은 우리말의 **햐 · 휴 · 효**와 거의 비슷하다. 발음이 어렵다고 **하 · 후 · 호**로 발음하지 않도록 주의한다.

ヒャ	ヒャ	ヒャ	ヒャ	ヒャ
햐(hya)				

ヒュ	ヒュ	ヒュ	ヒュ	ヒュ
휴(hyu)	**ヒューマン** [휴-망] **휴먼**			

ヒョ	ヒョ	ヒョ	ヒョ	ヒョ
효(hyo)				

ミャ행

ミャ행은 우리말의 **먀 · 뮤 · 묘**에 해당한다. 발음하기 힘들다고 **마 · 무 · 모**로 발음하지 않도록 주의한다.

ミャ	ミャ	ミャ	ミャ	ミャ
먀(mya)	**ミャンマー** [먐마-] **미얀마**			

ミュ	ミュ	ミュ	ミュ	ミュ
뮤(myu)	**ミュージアム** [뮤-지아무] **박물관**			

ミョ	ミョ	ミョ	ミョ	ミョ
묘(myo)				

リャ행

リャ행은 우리말의 **랴·류·료**에 해당하는 음으로, 우리말처럼 처음에 오더라도 **야·유·요**로 발음하지 않도록 주의한다.

リャ
랴(rya)

リャ リャ リャ リャ

リュ
류(ryu)

リュ リュ リュ リュ

リューマチ [류-마치] 류머티즘

リョ
료(rho)

リョ リョ リョ リョ

ギャ행

ギャ행은 **キャ**행에 탁음(濁音)이 붙은 것으로 우리말의 **갸·규·교**에 해당한다. 처음에 오면 유성음으로 발음한다.

ギャ
갸(gya)

ギャ ギャ ギャ ギャ

ギャグ [갸그] 개그

ギュ
규(gyu)

ギュ ギュ ギュ ギュ

ギョ
교(gyo)

ギョ ギョ ギョ ギョ

ギョーザ [교-자] 중국식 만두

ジャ행

ジャ행은 우리말의 **쟈·쥬·죠**에 해당한다. 참고로 **ヂャ**행은 **ジャ**행과 발음이 동일하여 현대어에서는 거의 쓰이지 않는다.

ジャ 쟈(zya)	ジャ	ジャ	ジャ	ジャ
	ジャズ [쟈즈] 재즈			
ジュ 쥬(zyu)	ジュ	ジュ	ジュ	ジュ
	ジュース [쥬–스] 주스			
ジョ 죠(zyo)	ジョ	ジョ	ジョ	ジョ
	ジョーク [죠–쿠] 조크, 농담			

ビャ행

ビャ행은 **ヒャ**행에 탁음(濁音)이 붙은 것으로 우리말의 **뱌·뷰·뵤**에 해당한다. **바·부·보**로 발음하지 않도록 한다.

ビャ 뱌(bya)	ビャ	ビャ	ビャ	ビャ
ビュ 뷰(byu)	ビュ	ビュ	ビュ	ビュ
	インタビュー [인타뷰–] 인터뷰			
ビョ 뵤(byo)	ビョ	ビョ	ビョ	ビョ

ピャ행

ピャ행은 첫머리에 오면 **퍄 · 퓨 · 표**로 발음하지만, 중간이나 끝에서는 **뺘 · 쀼 · 뾰**로 세게 발음한다.

ピャ ピャ ピャ ピャ ピャ

퍄(pya)

ピュ ピュ ピュ ピュ ピュ

퓨(pyu)

ピューマ [퓨-마] 퓨마

ピョ ピョ ピョ ピョ ピョ

표(pyo)

ピョンピョン [퐁뽕] 깡충깡충

하네루음 익히기

하네루 음이란 오십음도의 마지막 글자인 **ん(ン)**을 말한다. **ん(ン)**은 단어의 첫머리에 올 수 없으며, 항상 다른 글자 뒤에 쓰여 우리말의 받침과 같은 구실을 한다. 따라서 **ん(ン)** 다음에 오는 글자의 영향에 따라 우리말의 **ㄴ · ㅁ · ㅇ**으로 소리가 난다.

ㅇ

ん(ン) 다음에 **か · が(カ · ガ)**행의 글자가 오면 **ㅇ**으로 발음한다.

えんき 엥키 **연기**	え ん き	え ん き
おんがく 옹가쿠 **음악**	お ん が く	お ん が く
ミンク 밍쿠 **밍크**	ミ ン ク	ミ ン ク
カンガルー 캉가루– **캥거루**	カ ン ガ ル ー	

ㄴ

ん(ン) 다음에 **さ · ざ · た · だ · な · ら(サ · ザ · タ · ダ · ナ · ラ)**행의 글자가 오면 **ㄴ**으로 발음한다.

かんし 간시 **감시**	か ん し	か ん し
なんじ 난지 **몇 시**	な ん じ	な ん じ
はんたい 한타이 **반대**	は ん た い	は ん た い
こんにち 콘니치 **오늘(날)**	こ ん に ち	こ ん に ち
ナンセンス 난센스 **난센스**	ナ ン セ ン ス	
ヒント 힌토 **힌트**	ヒ ン ト	ヒ ン ト

ㅁ

ん(ン) 다음에 **ま・ば・ぱ(マ・バ・パ)**행의 글자가 오면 **ㅁ**으로 발음한다.

あんま 암마 안마

けんぶつ 켐부츠 구경

さんぽ 삼포 산책

ハンバーグ 함바–구 햄버그

アンバランス 암바란스 언밸런스

テンポ 템포 템포

ㅇ

ん(ン) 다음에 **あ・は・や・わ(ア・ハ・ヤ・ワ)**행의 글자가 오면 **ㄴ**과 **ㅇ**의 중간음으로 발음한다. 또한 단어 끝에 **ん**이 와도 마찬가지이다.

れんあい 렝아이 연애

ほんや 홍야 책방

でんわ 뎅와 전화

にほん 니홍 일본

オンエア 옹에아 온에어, 방송중

シャンハイ 샹하이 상하이

オンワード 옹와–도 온워드, 전진

デザイン 데자잉 디자인

촉음 익히기

막힌 소리의 하나로 **つまるおと**라고도 하며, 우리말의 받침과 같은 역할을 하는 것을 말한다. 즉, 촉음은 **つ(ツ)**를 작은 글자 **っ(ッ)**로 표기하여 다른 글자 밑에서 받침으로만 쓰인다. 이 촉음은 하나의 음절을 갖고 있으며, 뒤에 오는 글자의 영향에 따라 우리말 받침의 **ㄱ · ㅅ · ㅂ · ㄷ**으로 발음한다.

ㄱ

촉음인 **っ(ッ)** 다음에 **か · き · く · け · こ(カ · キ · ク · ケ · コ)**가 오면 **ㄱ**으로 발음한다.

けっか 켁카 결과	けっか けっか
いっき 익키 단숨	いっき いっき
クッキング 쿡킹구 쿠킹, 요리	クッキング
サッカー 삭카- 사커, 축구	サッカー サッカー

ㅅ

촉음인 **っ(ッ)** 다음에 **さ · し · す · せ · そ(サ · シ · ス · セ · ソ)**가 오면 **ㅅ**으로 발음한다.

さっそく 삿소쿠 즉시, 재빨리	さっそく さっそく
ざっし 잣시 잡지	ざっし ざっし
メッセージ 멧세-지 메시지	メッセーヅ
クッション 쿳숑 쿠션	クッション

ㅂ 촉음인 **っ(ッ)** 다음에 **ぱ・ぴ・ぷ・ぺ・ぽ(パ・ピ・プ・ペ・ポ)**가 오면 **ㅂ**으로 발음한다.

いっぱい 입빠이 가득	いっぱい	いっぱい
しっぽ 십뽀 꼬리	しっぽ	しっぽ
アップル 압뿌루 애플, 사과	アップル	アップル
ヨーロッパ 요-롭빠 유럽	ヨーロッパ	

ㄷ 촉음인 **っ(ッ)** 다음에 **た・ち・つ・て・と(タ・チ・ツ・テ・ト)**자가 오면 **ㄷ**으로 발음한다.

きって 낃테 우표	きって	きって
おっと 옫토 남편	おっと	おっと
ヒット 힏토 히트	ヒット	ヒット
タッチ 탇치 터치	タッチ	タッチ

장음 익히기

같은 모음이 중복될 때 앞의 발음을 길게 발음하는 것을 말한다. 우리말에서는 장음의 구별이 어렵지만 일본어에서는 이것을 확실히 구분하여 쓴다. 음의 장단(長短)에 따라 그 의미가 달라지는 경우가 있으므로 주의해야 한다. 이 책에서도 편의상 장음부호를 ー로 표기한다.

あ·ア

あ(ア) 단에 모음 **あ(ア)** 가 올 경우 뒤의 모음인 **あ(ア)** 는 장음(ー)이 된다.

おかあさん 오카-상 어머니	お か あ さ ん
おばあさん 오바-상 할머니	お ば あ さ ん
ばあい 바-이 경우	ば あ い　ば あ い
スカート 스카-토 스커트	ス カ ー ト　ス カ ー ト

い·イ

い(イ) 단에 모음 **い(イ)** 가 올 경우 뒤의 모음인 **い(イ)** 는 장음(ー)이 된다.

おじいさん 오지-상 할아버지	お じ い さ ん
おにいさん 오니-상 형님	お に い さ ん
きいろい 키-로이 노랗다	き い ろ い　き い ろ い
タクシー 타쿠시- 택시	タ ク シ ー　タ ク シ ー

う·ウ

う(ウ) 단에 모음 **う(ウ)** 가 올 경우 뒤의 모음인 **う(ウ)** 는 장음(ㅡ)이 된다.

くうき 쿠-키 공기	く う き	く う き
しゅうい 슈-이 주위	し ゅ う い	し ゅ う い
ふうふ 후-후 부부	ふ う ふ	ふ う ふ
スーパー 수-파- 슈퍼	ス ー パ ー	ス ー パ ー

え·エ

え(エ) 단에 모음 **え(エ)** 나 **い(ー)** 가 올 경우 뒤의 모음인 **え(エ)** 는 장음(ㅡ)이 된다.

おねえさん 오네-상 누님, 누나	お ね え さ ん	
えいが 에-가 영화	え い が	え い が
セーター 세-타- 스웨터	セ ー タ ー	セ ー タ ー
ケーキ 케-키 케이크	ケ ー キ	ケ ー キ

お·オ

お(オ) 단에 모음 **お(オ)** 나 **う(ー)** 가 올 경우 뒤의 모음인 **お・う(オ)** 는 장음(ㅡ)이 된다.

こおり 코-리 얼음	こ お り	こ お り
とうふ 토-후 두부	と う ふ	と う ふ
おとうさん 오토-상 아버지	お と う さ ん	
コーヒー 코-히- 커피	コ ー ヒ ー	コ ー ヒ ー

헷갈리기 쉬운 카타카나

아 あ
ア

마 ま
マ

アイロン
아이론
다리미

ア イ ロ ン

マッチ
맛치
성냥

マ ッ チ

이 い
イ

토 と
ト

バイク
바이쿠
오토바이

バ イ ク

トマト
토마토
토마토

ト マ ト

쿠 く ク

タ た 타

クッキー

쿳키-

쿠키

ク ッ キ ー

タイム

타이무

시간

タ イ ム

코 こ コ

ユ ゆ 유

コーヒー

코-히-

커피

コ ー ヒ ー

ユーカリ

유-카리

유칼립투스

ユ ー カ リ

시 し
シ

츠 つ
ツ

미 み
ミ

シート

시-토

시트

シ ー ト

ツリー

츠리-

트리

ツ リ ー

ミラー

미라 -

거울

ミ ラ ー

스 す
ス

누 ぬ
ヌ

スーツ

스-츠

정장, 양복

ス ー ツ

カヌー

카누-

카누

カ ヌ ー

소 そ

ソ

ん 응

ン

ソファー

소화-

소파

ソ フ ァ ー

スプーン

스푸-운

스푼

ス プ ー ン

테 て

テ

ら 라

ラ

テレビ

테레비

텔레비전

テ レ ビ

ラーメン

라-멘

라면

ラ ー メ ン

후 ふ

フ

わ 와

ワ

フライパン

후라이판

후라이팬

フ ラ イ パ ン

ワーク

와-쿠

워크, 일

ワ ー ク

나 な

ナ

め 메

メ

ナイフ

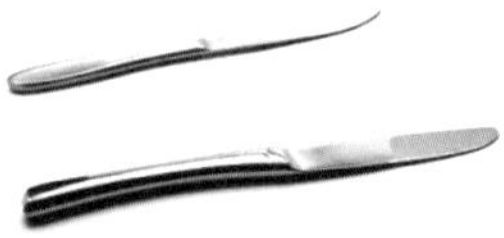

나이후

나이프

ナ イ フ

メモリー

메모리-

메모리

メ モ リ ー

PART 3

부록
필수 단어와 표현

이제 한글의 가나다라에 해당하는 히라가나, 카타카나를 모두 익혔다.
시작이 반이라고 하듯이 이제 당신도 일본어 정복이 멀지 않았다.
회화의 기본은 단어를 아는 것에서부터 시작된다. 단어를 많이 알고 있어야 회화를 훌륭하게 구사할 수 있고 막힘이 없으므로 이 파트에서는 꼭 필요한 기초 일단어를 쉽게 익힐 수 있도록 하였다.
또한 외국어의 기본인 인사 표현과 기초 문법을 가볍게 습득하면 본격적인 일본어 공부의 모든 기초가 마무리 된다.

01 인칭대명사

かれ 카레 그

かのじょ 카노죠 그녀

わたし 와타시 나
わたくし 와타쿠시 저
ぼく 보쿠 나
(남자의 자칭-여자는 쓰지 않는다)

わたしたち 와타시타치 우리들
あなたたち 아나타타치 당신들

あなた 아나타 당신
きみ 키미 너, 자네, 그대

おまえたち 오마에타치 너희들
あなたがた 아나타가타 여러분들

だれ 다레 누구
どなた 도나타 어느 분
このひと 코노히토 이 사람
そのひと 소노히토 그 사람
あのひと 아노히토 저 사람

02 지시대명사

사물을 가리킬 때

これ 코레 이것, 이
それ 소레 그것, 그
あれ 아레 저것, 저
どれ 도레 어떤 것, 무엇

장소을 가리킬 때

ここ 코코 여기
そこ 소코 그곳
あそこ 아소코 저기, 거기
どこ 도코 어디, 어느 곳

방향을 가리킬 때

こちら 코치라 이쪽
そちら 소치라 그쪽
あちら 아치라 저쪽, 저기
どちら 도치라 어느 쪽

명사를 수식할 때

この 코노 이
その 소노 그
あの 아노 저
どの 도노 어느

03 숫자(기수·서수·나이)

いち 이치 일
ひとつ 히토츠 한 개, 하나
ひとり 히토리 한 사람
いっさい 잇사이 한 살
いちばん 이치방 첫 번째

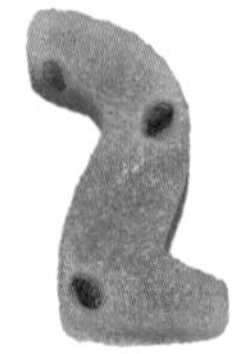

に 니 이
ふたつ 후타츠 두 개, 둘
ふたり 후타리 두 사람
にさい 니사이 두 살
にばん 니방 두 번째

さん 상 삼
みっつ 밋츠 세 개, 셋
さんにん 산닌 세 사람
さんさい 산사이 세 살
さんばん 산방 세 번째

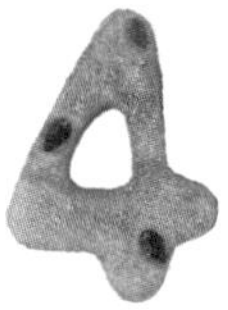

し/よん 시/욘 사
よっつ 욧츠 네 개, 넷
よにん 요닌 네 사람
よんさい 욘사이 네 살
よばん 요방 네 번째

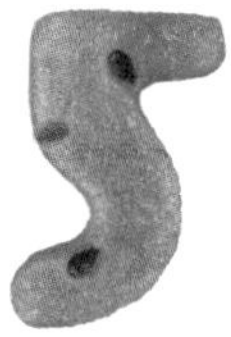

ご 고 오
いつつ 이츠츠 다섯 개, 다섯
ごにん 고닌 다섯 사람
ごさい 고사이 다섯 살
ごばん 고방 다섯 번째

ろく 로쿠 육
むっつ 뭇츠 여섯 개, 여섯
ろくにん 로쿠닌 여섯 사람
ろくさい 로쿠사이 여섯 살
ろくばん 로쿠방 여섯 번째

しち/なな 시치 / 나나 칠
ななつ 나나츠 일곱 개, 일곱
しちにん 시치닌 일곱 사람
ななさい 나나사이 일곱 살
ななばん 나나방 일곱 번째

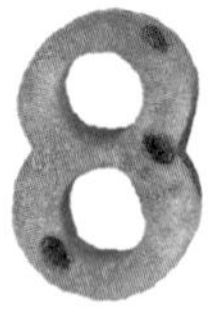

はち 하치 팔
やっつ 얏츠 여덟 개, 여덟
はちにん 하치닌 여덟 사람
はっさい 핫사이 여덟 살
はちばん 하치방 여덟 번째

きゅう/く 큐-/쿠 구
ここのつ 코코노츠 아홉 개, 아홉
きゅうにん 큐-닌 아홉 사람
きゅうさい 큐-사이 아홉 살
きゅうばん 큐-방 아홉 번째

じゅう 쥬- 십
とう 토- 열 개, 열
じゅうにん 쥬-닌 열 사람
じゅうさい 쥬-사이 열 살
じゅうばん 슈-방 열 번째

04 위치와 방향

うえ 우에 위

ひだり 히다리 좌

した 시타 아래

みぎ 미기 우

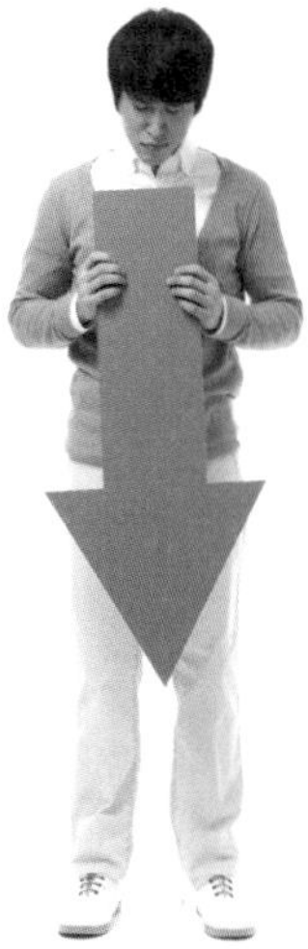

なか 나카 안/속

うしろ 우시로 뒤

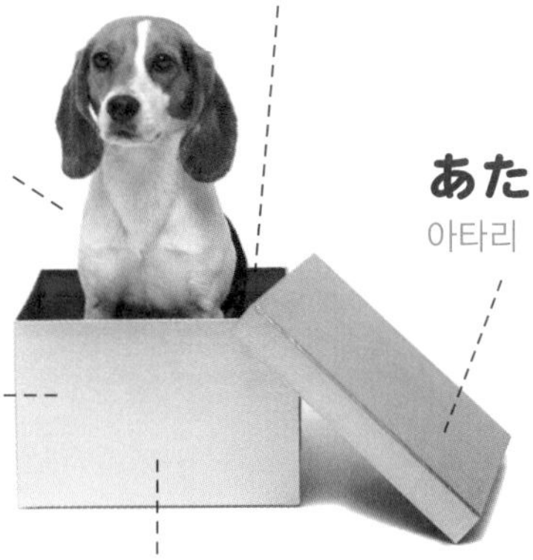

あたり 아타리 근처

よこ 요코 옆

となり 토나리 이웃, 옆

まえ 마에 앞

むこう 무코- 저쪽

むかい 무카이 맞은편

きた 키타 북쪽

にし 니시 서쪽

ひがし 히가시 동쪽

みなみ 미나미 남쪽

05 월과 요일

いちがつ

이치가츠

にがつ

니가츠

さんがつ

산가츠

しがつ

시가츠

ごがつ

고가츠

ろくがつ

로쿠가츠

しちがつ

시치가츠

はちがつ

하치가츠

くがつ

쿠가츠

じゅうがつ

쥬-가츠

じゅういちがつ

쥬-이치가츠

じゅうにがつ

쥬-니가츠

< MAR >

일 **にちようび** 日曜日 니치요–비	월 **げつようび** 月曜日 게츠요–비	화 **かようび** 火曜日 카요–비	수 **すいようび** 水曜日 스이요–비	목 **もくようび** 木曜日 모쿠요–비	금 **きんようび** 金曜日 킹요–비	토 **どようび** 土曜日 도요–비
	1일 **ついたち** 츠이타치	2일 **ふつか** 후츠카	3일 **みっか** 밋카	4일 **よっか** 욧카	5일 **いつか** 이츠카	6일 **むいか** 무이카
7일 **なのか** 나노카	8일 **ようか** 요–카	9일 **ここのか** 코코노카	10일 **とおか** 토–카	11일 **じゅう いちにち** 쥬–이치니치	12일 **じゅう ににち** 쥬–니니치	13일 **じゅう さんにち** 쥬–산니치
14일 **じゅう よっか** 쥬–욧카	15일 **じゅう ごにち** 쥬–고니치	16일 **じゅう ろくにち** 쥬–로쿠니치	17일 **じゅう しちにち** 쥬–시치니치	18일 **じゅう はちにち** 쥬–하치니치	19일 **じゅう くにち** 쥬–쿠니치	20일 **はつか** 하츠카
21일 **にじゅう いちにち** 니쥬–이치니치	22일 **にじゅう ににち** 니쥬–니니치	23일 **にじゅう さんにち** 니쥬–산니치	24일 **にじゅう よっか** 니쥬–욧카	25일 **にじゅう ごにち** 니쥬–고니치	26일 **にじゅう ろくにち** 니쥬–로쿠니치	27일 **にじゅう しちにち** 니쥬–시치니치
28일 **にじゅう はちにち** 니쥬–하치니치	29일 **にじゅう くにち** 니쥬–쿠니치	30일 **さんじゅう にち** 산쥬–니치	31일 **さんじゅう いちにち** 산쥬–이치니치			

06 시간

いちじ
이치지 1시

にじ
니지 2시

さんじ
산지 3시

よじ
요지 4시

ごじ
고지 5시

ろくじ
로쿠지 6시

しちじ
시치지 7시

はちじ
하치지 8시

くじ
쿠지 9시

じゅうじ
쥬-지 10시

じゅういちじ
쥬-이치지 11시

じゅうにじ
쥬-니지 12시

ろくじゅっぷん
로쿠즙픈 60분

ごふん
고훈 5분

じっぷん
집픈 10분

じゅうごふん
쥬-고훈 15분

にじゅっぷん
니즙픈 20분

にじゅうごふん
니쥬-고훈 25분

さんじゅっぷん/はん
산즙픈/항 30분

さんじゅうごふん
산쥬-고훈 35분

よんじゅっぷん
욘즙-픈 40분

よんじゅうごふん
욘쥬-고훈 45분

ごじゅっぷん
고즙픈 50분

ごじゅうごふん
고쥬고훈 55분

- **いっぷん** 입픈 1분
- **にふん** 니훈 2분
- **さんぷん** 산픈 3분
- **よんぷん** 욘픈 4분
- **ごふん** 고훈 5분
- **ろっぷん** 롯픈 6분
- **ななふん** 나나훈 7분
- **はっぷん** 핫픈 8분
- **きゅうふん** 큐-훈 9분
- **じゅっぷん** 즙픈 10분

- **いちびょう** 이치뵤- 1초
- **にびょう** 니뵤- 2초
- **さんびょう** 산뵤- 3초
- **よんびょう** 욘뵤- 4초

- **なんじ** 난지 몇 시
- **なんぷん** 난픈 몇 분
- **なんびょう** 난뵤- 몇 초

07 얼굴

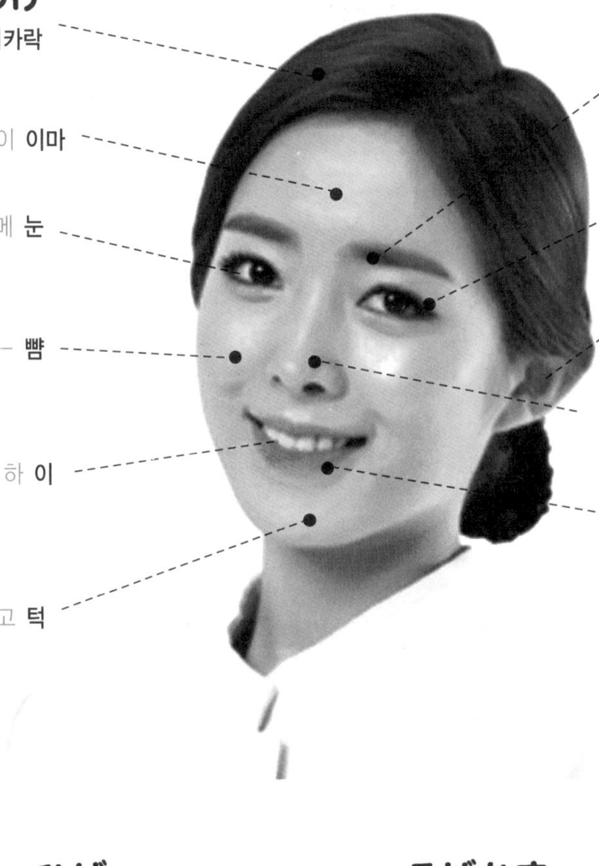

- ひげ 히게 수염
- にきび 니키비 여드름
- えくぼ 에쿠보 보조개
- そばかす 소바카스 주근깨
- しわ 시와 주름

08 신체

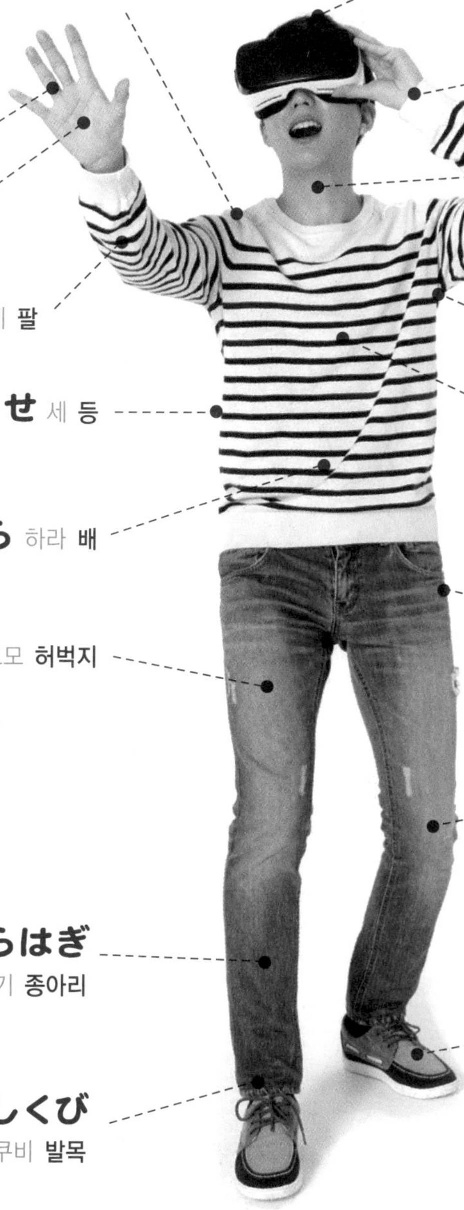

かた 카타 어깨
あたま 아타마 머리
てくび 테쿠비 손목
ゆび 유비 손가락
て 테 손
くび 쿠비 목
ひじ 히지 팔꿈치
うで 우데 팔
わき 와키 겨드랑이
せ 세 등
むね 무네 가슴
はら 하라 배
しり 오시리 엉덩이
もも 모모 허벅지
ひざ 히자 무릎
ふくらはぎ
후쿠라하기 종아리
あし 아시 발(다리)
あしのゆび 아시노유비 발가락
あしくび
아시쿠비 발목

09 가족

다른 가족을 말할 때

おとうさん
오토-상 아버지

おじいさん
오지-상 할아버지

おかあさん
오카-상 어머니

おばあさん
오바-상 할머니

おにいさん
오니-상 형, 오빠

おとうとさん
오토우토상 남동생

おねえさん
오네-상 언니

いもうとさん
이모-토상 여동생

자기 가족을 말할 때

ちち 치치 아버지

そふ 소후 할아버지

はは 하하 어머니

そぼ 소보 할머니

あに 아니 형, 오빠
おとうと 오토우토 남동생
むすこ 무스코 아들

あね 아네 누나, 언니
いもうと 이모-토 여동생
むすめ 무스메 딸

きょうだい 쿄-다이 **형제**

りょうしん 료-싱 **부모님**

おっと 옫토 **남편**
つま 츠마 **아내**

おい 오이 **조카**
めい 메이 **조카딸**

しんせき 신세키 **친척**

むこ 무코 **사위**
よめ 요메 **며느리**

おじさん 오지상 **아저씨**

いとこ 이토코 **사촌**

おばさん 오바상 **아주머니**

10 때

しんねん 신넨 새해

はる 하루 봄

なつ 나츠 여름

あき 아키 가을

ふゆ 후유 겨울

クリスマス
쿠리스마스 크리스마스

- **おととし** 오토토시 재작년
- **さくねん** 사쿠넨 작년
- **ことし** 코토시 올해, 금년
- **らいねん** 라이넨 내년
- **さらいねん** 사라이넨 내후년
- **いちねん** 이치넨 일년

- **せんげつ** 센게츠 지난 달
- **こんげつ** 콘게츠 이번 달
- **らいげつ** 라이게츠 다음 달
- **さらいげつ** 사라이게츠 다다음 달

- **おととい** 오토토이 그제
- **きのう** 키노- 어제
- **きょう** 코- 오늘
- **あした** 아시타 내일
- **あさって** 아삿테 모레

- **あさ** 아사 아침
- **ひる** 히로 점심
- **よる** 요로 밤

11 색깔

くろいろ
쿠로이로 **검정색**

しろいろ
시로이로 **하얀색**

きいろ
키이로 **노란색**

みどりいろ
미도리이로 **녹색**

きんいろ
킹이로 **금색**

あかいろ
아카이로 **빨간색**

あおいろ
아오이로 **파란색**

むらさきいろ
무라사키이로 **보라색**

オレンジいろ
오렌지이로 **주황색**

あいいろ
아이이로 **남색**

ももいろ
모모이로 **분홍색**

はいいろ
하이이로 **회색**

12 동작

あるく 아루쿠 **걷다**

りょうりする
료-리스루 **요리하다**

うたう 우타우 **노래하다**

かく 카쿠 **쓰다**

べんきょうする
벤쿄-스루 **공부하다**

かう 카우 **사다**

のる 노루 **타다**

ねる 네루 **자다**

よむ 요무 **읽다**

はしる 하시루 달리다

たべる 타베루 먹다

すわる 스와루 앉다

たたかう 타타카우 싸우다

みる 미루 보다

いう 이우 말하다

きく 키쿠 듣다

きる 키루 입다

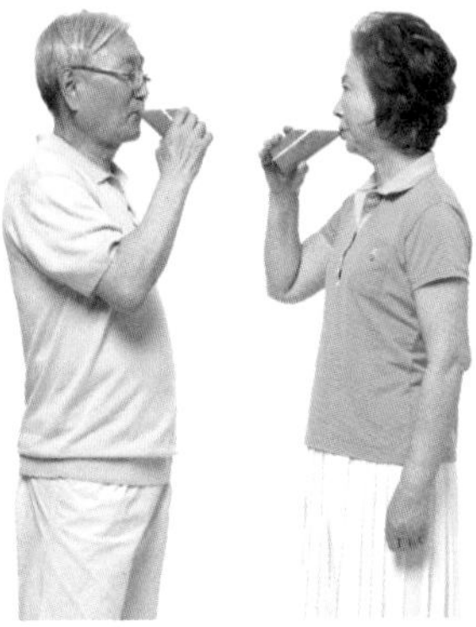

のむ 노무 마시다

13 반대어

ちかい 치카이 가깝다 ↔ **とおい** 토-이 멀다

かるい 카루이 가볍다 ↔ **おもい** 오모이 무겁다

ながい 나가이 길다 ↔ **みじかい** 미지카이 짧다

うれしい 우레시- 기쁘다 ↔ **かなしい** 카나시- 슬프다

きれい 키레이 깨끗하다 ↔ **きたない** 키타나이 더럽다

でる 데루 나오다 ↔ **はいる** 하이루 들어가다

ひろい 히로이 넓다 ↔ **せまい** 세마이 좁다

たかい 타카이 높다 ↔ **ひくい** 히쿠이 낮다

おおい 오-이 많다 ↔ **すくない** 스쿠나이 적다

たかい 타카이 비싸다 ↔ **やすい** 야스이 싸다

はやい 하야이 빠르다 ↔ **おそい** 오소이 느리다

かう 카우 사다 ↔ **うる** 우루 팔다

くる 쿠루 오다 ↔ **いく** 이쿠 가다

おもしろい 오모시로이 재미있다 ↔ **たいくつ** 타이쿠츠 지루하다

むずかしい 무즈카시- 어렵다 ↔ **やすい** 야스이 쉽다

あたらしい 아타라시- 새롭다 ↔ **ふるい** 후루이 오래되다

しずかだ 시즈카다 조용하다 ↔ **にぎやかだ** 니기야카다 떠들썩하다

すきだ 스키다 좋아하다 ↔ **きらいだ** 키라이다 싫어하다

さむい 사무이 춥다 ↔ **あつい** 아츠이 덥다

おおきい 오-키- 크다 ↔ **ちいさい** 치-사이 작다

のる 노루 타다 ↔ **おりる** 오리루 내리다

14 일상단어

おきる 오키루 일어나다

かおを あらう 카오오 아라우 세수하다

はを みがく 하오 미가쿠 이를 닦다

ごはんを たべる 고항오 타베루 밥을 먹다

みずを のむ 미즈오 노무 물을 마시다

トイレに いく 토이레니 이쿠 화장실에 가다

けしょう する 켓쇼- 스루 화장하다

しゅっきん する 슛킨 스루 출근하다

はたらく 하타라쿠 일하다

いそがしい 이소가시- 바쁘다

あそぶ 아소부 놀다

ひまだ 히마다 한가하다

かえる 카에루 돌아오다

やすむ 야스무 쉬다

ふろに はいる 후로니 하이루 목욕을 하다

シャワーを あびる 샤와오 아비루 샤워를 하다

ねる 네루 자다

ゆめを みる 유메오 미루 꿈을 꾸다

인사할 때의 회화 표현

일본어는 영어와 마찬가지로 아침, 낮, 저녁 인사가 다르니 잘 익혀 때에 맞는 인사말을 사용하도록 한다.

おはようございます。　　안녕하세요. (아침인사)
오하요-고자이마스

こんにちは。　　안녕하세요. (낮인사)
콘니치와

こんばんは。　　안녕하세요. (저녁인사)
콤방와

お元気(げんき)ですか。　　잘 지내십니까?
오겐키데스까?

本当(ほんとう)に ひさしぶりですね。　　참 오랜만이군요.
혼토-니 히사시부리데스네

さようなら。　　안녕히 가세요.
사요-나라

行(い)ってらっしゃい。　　다녀오세요.
잇테랏샤이

おやすみなさい。　　안녕히 주무세요.
오야스미나사이

처음 만났을 때의 회화 표현

はじめまして。 처음 뵙겠습니다.
하지메마시테

なまえ なん
お名前は 何ですか。 성함이 어떻게 되시죠?
오나마에와 난데스까?

なまえ すずき
名前は 鈴木です。 이름은 스즈키입니다.
나마에와 스즈키데스

い たなか
李さん、こちらは 田中さんです。 이씨, 이분은 다나카 씨입니다.
이상, 코치라와 타나카상데스

どうぞよろしく。 잘 부탁합니다.
도-조 요로시쿠

こちらこそよろしく。 저야말로 잘 부탁합니다.
코치라코소 요로시쿠

め
お目にかかれて とても うれしいです。 뵙게 되어 매우 기쁩니다.
오메니카카레테 토테모 우레시-데스

めいし
名刺を いただけますか。 명함을 주시겠습니까?
메-시오 이타다케마스까?

질문을 할 때의 회화 표현

どこに 行(い)きますか。
도코니 이키마스까?
어디에 가십니까?

どこの 出身(しゅっしん)ですか。
도코노 슛신데스까?
어디 출신입니까?

どこに お住(す)まいですか。
도코니 오스마이데스까?
어디에 사십니까?

どちらへ お勤(つと)めですか。
도치라에 오츠토메데스까?
어디에 근무하십니까?

学校(がっこう)は どちらですか。
각코－와 도치라데스까?
어느 학교에 다닙니까?

お仕事(しごと)は。
오시고토와?
무슨 일을 하세요?

ご家族(かぞく)は 何人(なんにん)ですか。
고카조쿠와 난닌데스까?
가족은 몇 분입니까?

日本語(にほんご)が できますか。
니홍고가 데키마스까?
일본어를 할 줄 아나요?

응답할 때의 회화 표현

ありがとうございます。 아리가토– 고자이마스	감사합니다.
ありがとう。 아리가토–	고마워요.
どういたしまして。 도– 이타시마시테	천만에요.
すみません。 스미마셍	죄송합니다.
しつれいします。 시츠레–시마스	실례합니다.
ごめんなさい。 고멘나사이	미안합니다.
おめでとうございます。 오메데토– 고자이마스	축하합니다.
たのしかったです。 타노시캇타데스	즐거웠습니다.
だいじょうぶですよ。 다이죠–부데스요	괜찮아요.

날씨에 관한 회화 표현

오늘의 날씨는 어떻습니까?

きょうの てんきは どうですか。

쿄-노 텡키와 도-데스까?

오늘의 날씨는 ________ 입니다.

きょうの てんきは ________ です。

쿄-노 텡키와 ________ 데스

❶ いい 이- 좋다

❷ わるい 와루이 나쁘다

❸ はれ 하레 맑음

❹ くもり 쿠모리 흐림

❺ あめ 아메 비

❻ ゆき 유키 눈

❼ あたたかい 아타타카이 따뜻한

❽ あつい 아츠이 덥다

❾ さむい 사무이 춥다

❿ きり 키리 안개

⓫ すずしい 스즈시- 선선하다

기분에 대한 회화 표현

당신의 기분은 어떤가요?

あなたの きもちは どうですか。

아나타노 키모치와 도-데스까?

내 기분은 ________ 입니다.

わたしの きもちは ________ です。

와타시노 키모치와 ________ 데스

❶ うれしい 우레시- **기쁘다**

❷ たのしい 타노이- **즐겁다**

❸ おもしろい 오모시로이 **재밌다**

❹ しあわせ 시아와세 **행복하다**

❺ ゆううつ 유우-츠 **우울하다**

❻ かなしい 카나시- **슬프다**

❼ ふあん 후안 **불안하다**

❽ はずかしい 하즈카시- **부끄럽다**

❾ らく 라쿠 **편안하다**

❿ さびしい 사비시- **외롭다**

⓫ くやしい 쿠야시- **억울하다**

성격에 대한 회화 표현

그의 성격은 어떤가요?

かれの せいかくは どうですか。

카레노 세-카쿠와 도-데스까?

그의 성격은 ______ 입니다

かれの せいかくは ______ です。

카레노 세-카쿠와 ______ 데스

1. ごうまん 고-만 **거만하다**
2. しんせつ 신세츠 **친절하다**
3. ゆうかん 유-칸 **용감하다**
4. しょうじき 쇼-지키 **정직하다**
5. しょうしん 쇼-신 **소심하다**

6. せいじつ 세-지츠 **성실하다**
7. りこてき 리코테키 **이기적이다**
8. れいせい 레-세- **냉정하다**
9. れいぎただしい 레-기타다시- **예의바르다**

10. そっちょく 솟쵸쿠 **솔직하다**
11. やさしい 야사시- **상냥하다**
12. こだわりが つよい 코다와리가 츠요이 **고집이 세다**

취미를 묻는 회화 표현

당신의 취미는 무엇입니까?

あなたの しゅみは なんですか。

아나타노 슈미와 난데스까?

나의 취미는 ______ 입니다.

わたしの しゅみは ______ です。

와타시노 슈미와 ______ 데스

❶ どくしょ 도쿠쇼- **독서**
❷ すいえい 스이에이 **수영**
❸ スキー 스키- **스키**
❹ うんどう 운도- **운동**
❺ りょこう 료코- **여행**
❻ つり 츠리 **낚시**
❼ りょうり 료-리 **요리**
❽ やまのぼり 야마노보리 **등산**
❾ うた 우타 **노래**
❿ おんがくかんしょう 온가쿠캉쇼- **음악감상**
⓫ テニス 테니스 **테니스**
⓬ ゴルフ 고루후 **골프**
⓭ エアロビクス 에아로비쿠스 **에어로빅**

음식에 대한 회화 표현

좋아하는 음식이 있습니까?

すきな たべものが ありますか。

스키나 타베모노가 아리마스까?

좋아하는 음식은 ________ 입니다.

すきな たべものは ________ です。

스키나 타베모노와 데스

1. すし 스시 **초밥**
2. ラーメン 라–멘 **라면**
3. チョコレート 촛코레–토 **초콜릿**
4. ピザ 피쟈 **피자**
5. やきにく 야키니쿠 **불고기**
6. くだもの 쿠다모노 **과일**
7. さしみ 사시미 **회**
8. カレー 카레– **카레**
9. ステーキ 스테–키 **스테이크**
10. アイスクリーム 아이스크리–무 **아이스크림**
11. キムチ 키무치 **김치**
12. てんぷら 텐푸라 **튀김**
13. パスタ 파스타 **파스타**

동물에 관한 회화 표현

어떤 동물을 좋아합니까?

どんな どうぶつが すきですか。

돈나 도-부츠가 스키데스까?

입니다

です。

데스

❶ こいぬ 코이누 강아지

❷ ねこ 네코 고양이

❸ ウサギ 우사기 토끼

❹ キリン 키린 기린

❺ とら 토라 호랑이

❻ さる 사루 원숭이

❼ かめ 카메 거북이

❽ くま 쿠마 곰

❾ ライオン 라이온 사자

❿ ぞう 죠- 코끼리

⓫ ゴリラ 고리라 고릴라

⓬ ダチョウ 다쵸- 타조

장소에 대한 회화 표현

어디를 가십니까?

どこにいきますか。

도코니 이키마스까?

나는 　　　　 에 갑니다.

わたしは 　　　　 にいきます。

와타시와 　　　　 니 이키마스

❶ ぎんこう 깅코- **은행**

❷ としょかん 도쇼캉 **도서관**

❸ がっこう 각코- **학교**

❹ びょういん 뵤-잉 **병원**

❺ デパート 데파-토 **백화점**

❻ しょてん 쇼텡 **서점**

❼ えいがかん 에이가칸 **영화관**

❽ えき 에키 **역**

❾ いんしょくてん 인쇼쿠텐 **음식점**

❿ はくぶつかん 하쿠부츠칸 **박물관**

⓫ くうこう 쿠-코- **공항**

⓬ かいしゃ 카이샤 **회사**

과일에 대한 회화 표현

좋아하는 과일은 무엇입니까?

すきな くだものは なんですか。

스키나 쿠다모노와 난데스까

나는 ______ 을 좋아합니다.

わたしは ______ が すきです。

와타시노 ______ 가 스키데스

❶ りんご 링고 **사과**
❷ ぶどう 부도- **포도**
❸ バナナ 바나나 **바나나**
❹ いちご 이치고 **딸기**
❺ マクワウリ 마쿠와우리 **참외**
❻ パイナップル 파이납푸루 **파인애플**
❼ すいか 스이카 **수박**
❽ オレンジ 오렌지 **오렌지**
❾ すもも 스모모 **자두**
❿ マンゴー 만고- **망고**
⓫ メロン 메론 **메론**

직업에 대한 회화 표현

당신의 직업은 무엇입니까?

あなたの しょくぎょうは なんですか。

아나타노 쇼쿠교와 난데스까?

내 직업은 ____ 입니다.

わたしの しょくぎょうは ____ です。

와타시노 쇼쿠교와 데스

❶ せんせい 센세이 **선생님**
❷ いしゃ 이샤 **의사**
❸ かしゅ 카슈 **가수**
❹ ぐんじん 군징 **군인**
❺ おんがくか 온가쿠카 **음악가**
❻ きしゃ 키샤 **기자**
❼ モデル 모데루 **모델**
❽ がか 가카 **화가**
❾ テレマーケッター 텔레마–켓타– **텔레마케터**
❿ えいがはいゆう 에이가하이유– **영화감독**
⓫ エンジニア 엔지니아 **기술자**

물건에 대한 회화 표현

무엇을 찾으십니까?

なにを おさがしですか。

나니오 오사가시데스까?

나는 ______ 을(를) 찾고 있습니다.

わたしは ______ を さがしています。

와타시와 ______ 오 사가시테이마스

❶ カメラ 카메라 **카메라**

❷ とけい 토케이 **시계**

❸ テレビ 테레비 **텔레비전**

❹ れいぞうこ 레이죠-코 **냉장고**

❺ コンピューター 콘퓨-타 **컴퓨터**

❻ パジャマ 파쟈마 **잠옷**

❼ かさ 카사 **우산**

❽ たまご 타마고 **계란**

❾ けいにく 케-니쿠 **닭고기**

❿ さかな 사카나 **생선**

⓫ くつした 쿠츠시타 **양말**

꼭 알아야 할 기초 문법 ❶

~は ▶ は는 우리말의 ~은, 는에 해당하는 조사로 발음은 ha(하)이지만 조사로 쓰일 때는 wa(와)로 발음한다.

나는 학생입니다.

わたしは がくせいです。 와타시와 카쿠세이데스

~です ▶ です는 우리말의 ~입니다에 해당하는 말로 체언 및 그에 준하는 말에 접속하여 정중한 단정을 나타낸다.

이것은 초밥입니다.

これは すしです。 코레와 스시데스

~ですか ▶ ですか는 です에 의문이나 질문을 나타낼 때 쓰이는 조사 か가 접속된 형태로 우리말의 ~입니까로 해석한다. 우리말 표기에서는 의문이나 질문을 나타낼 때 물음표(?)를 붙이지만, 일본어 표기에서는(?)를 붙이지 않고 마침표(。)를 사용한다.

그것은 얼마입니까?

それは いくらですか。 소레와 이쿠라데스까?

~でした ▶ 명사를 정중하게 단정할 때 쓰이는 です의 과거형은 でした로 우리말의 ~이었습니다에 해당한다. でした에 의문이나 질문을 나타내는 조사 か를 접속하면 ~이었습니까?가 된다.

어제는 일요일이었습니다.

きのうは にちようびでした。 키노-와 니치요비디시따

꼭 알아야 할 기초 문법 ②

~では ありません ▶ ~です(~입니다)의 부정형 ~가 아닙니다는 ~では ありません입니다. 보통 회화에서는 では를 じゃ로 바꿔서 ~じゃ ありません이라고도 합니다.

나는 가수가 아닙니다.

わたしは かしゅでは ありません。 와타시와 카슈데와 아리마생

~の ▶ の는 우리말의 ~의에 해당하는 조사로, 명사+の+명사의 형태로 뒤의 명사가 어떤 것인가를 나타낸다.

내 연필입니다.

わたしの えんぴつです。 와타시노 엠삐츠데스

~に ▶ に는 우리말의 ~에에 해당하는 조사로, 어떤 사물이 존재하는 장소를 나타낸다.

방에 노트가 있습니다.

へやに ノートが あります。 헤야니 노-토가 아리마스

~を ▶ を는 우리말의 ~을, 를에 해당합니다.

남동생은 유우를 마십니다.

おとうとは ぎゅうにゅうを のみます。 오토-토와 규-뉴오 노미마스

~が ▶ が는 주격을 나타내는 조사로, 우리말의 ~이(가)에 해당한다.

저기에 책이 있습니다.

あそこに ほんが あります。 아소코니 홍가 아리마스

모의 연습문제 1회

1. 그림과 맞는 단어를 연결 하세요.

❶ うみ

❷ カメラ

❸ かお

❹ イルカ

2. 다음 단어를 소리내어 읽어보고 한글 뜻을 적으세요.

❶ たこ

❷ やさい

❸ りんご

❹ わたし

❺ りょこう

사과 나 문어 여행 채소(야채)

3. 다음 단어를 일본어로 적어보세요.

❶ 쇠고기

❷ 영화관

❸ 봄

❹ 목요일

❺ 마스크

❻ 동쪽

もくようび　えいがかん　ひがし　はる　マスク　ぎゅうにく

4. 다음 히라가나와 연관되는 카타카나를 연결하세요.

❶ そ •	• ヒ
❷ て •	• ネ
❸ ね •	• ソ
❹ ひ •	• テ

5. 다음 동작을 일본어로 적어보세요.

❶ 노래하다

❷ 읽다

❸ 요리하다

❹ 마시다

のむ　りょうりする　よむ　うたう

모의 연습문제 2회

1. 그림과 맞는 단어를 연결 하세요.

❶ かのじょ

❷ ふゆ

❸ ミルク

❹ じゅういちがつ

2. 다음 단어를 소리내어 읽어보고 한글 뜻을 적어보세요.

❶ サラダ

❷ デザイン

❸ さいふ

❹ ぴかぴか

❺ わたしたち

지갑	반짝반짝	샐러드	우리들	디자인

3. 다음을 일본어로 적어보세요.

❶ 6월		❹ 파인애플	
❷ 미안합니다		❺ 도서관	
❸ 선생님		❻ 친절하다	

パイナップル　としょかん　ろくがつ　せんせい　しんせつ　すみません

4. 다음 카타카나와 연관되는 히라가나를 연결하세요.

❶ ア •	• き
❷ キ •	• せ
❸ ラ •	• あ
❹ セ •	• ら

5. 다음 인사말을 일본어로 적어보세요.

❶ 안녕하세요.(낮인사)

❷ 안녕히 가세요.

❸ 안녕히 주무세요.

おやすみなさい　さようなら　こんにちは

모의 연습문제 3회

1. 그림과 맞는 단어를 연결 하세요.

❶ ホテル •　　　• 

❷ おかし •　　　• 

❸ きょうだい •　　　• 

❹ アイロン •　　　• 

2. 다음 단어를 소리내어 읽어보고 한글 뜻을 적어보세요.

❶ シュガー

❷ ぞうきん

❸ くもり

❹ かみのけ

❺ おねえさん

걸레	흐림	머리카락	설탕	언니

3. 다음을 일본어로 적어보세요.

❶ 아내 ______ ❹ 의자 ______

❷ 녹색 ______ ❺ 백화점 ______

❸ 음악가 ______ ❻ 라디오 ______

いす　デパート　おんがくか　ラジオ　みどりいろ　つま

4. 다음 카타카나와 연관되는 히라가나를 연결하세요.

❶ ミ •	• ぬ
❷ ウ •	• み
❸ コ •	• こ
❹ ヌ •	• う

5. 다음 처음 만났을 때의 표현을 일본어로 적어보세요.

❶ 처음 뵙겠습니다. ______

❷ 성함이 어떻게 되시죠? ______

❸ 잘 부탁합니다. ______

おなまえはなんですか　はじめまして　どうぞよろしく

모의 연습문제 4회

1. 그림과 맞는 단어를 연결 하세요.

❶ ケーキ

❷ とけい

❸ レモン

❹ さる

2. 다음 단어를 소리 내어 읽어보고 한글 뜻을 적어보세요.

❶ げんゆ

❷ たべる

❸ いちばん

❹ ミュージアム

❺ じゅうごふん

뮤지엄	먹다	원유	첫 번째	15분

3. 다음을 일본어로 적어보세요.

❶ 남동생

❷ 7월

❸ 부채

❹ 병원

❺ 편안

❻ 골프

せんす　おとうと　びょういん　らく　ゴルフ　しちがつ

4. 다음 히라가나와 연관되는 카타카나를 연결하세요.

❶ か •　　• ヤ

❷ や •　　• ヲ

❸ の •　　• カ

❹ を •　　• ノ

5. 다음 표현을 일본어로 적어보세요.

❶ 실례합니다.

❶ 즐거웠습니다.

❶ 괜찮아요.

しつれいします。　だいじょうぶですよ。　たのしかったです。

모의 연습문제 - 파이널

자 이제 그동안의 연습문제를 풀면서 자신의 실력을 알아보았을 것입니다.
많이 부족하다 느끼면 다시 앞으로 돌아가서 차근차근 다시 공부하시길 바랍니다.
어설프게 알다가는 더 헷갈리는게 언어입니다.
이제 어느 정도 자신감이 있으신 분들은 문장 만들기에 도전해 보세요.

❶ 당신의 취미는 무엇입니까? (しゅみ)

❷ 그의 성격은 어떤가요? (せいかく)

❸ 좋아하는 과일은 무엇입니까? (すき, くだもの)

❹ 그 음식의 맛은 어때요? (たべもの, あじ)

❺ 당신의 직업은 무엇입니까? (しょくぎょう)

❻ 감사합니다.

❼ 4월 7일 월요일

❽ 즐거웠습니다.

❾ 지금은 몇 시입니까? (いま, なんじ)

❿ 오늘의 날씨는 어떻습니까? (きょう, てんき)

⓫ 당신의 기분은 어떤가요? (きぶん)

⓬ 죄송합니다.

⓭ 잘 부탁합니다.

⓮ 나는 공항에 갑니다. (くうこう)

⓯ 내 취미는 여행입니다. (りょこう)

⓰ 나의 직업은 모델입니다. (モデル)

⓱ 그의 성격은 이기적입니다. (りこてき)

모의 연습문제 정답

모의 연습문제 1 정답

1. 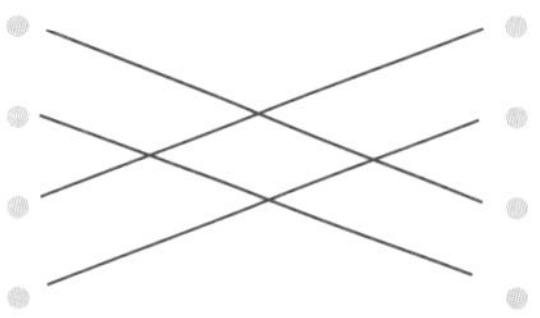

4. 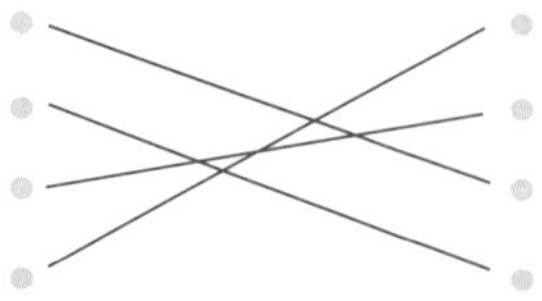

2. ❶ 문어 ❷ 채소(야채) ❸ 사과 ❹ 나 ❺ 여행

3. ❶ ぎゅうにく ❷ えいがかん ❸ はる ❹ もくようび ❺ マスク ❻ ひがし

5. ❶ うたう ❷ よむ ❸ りょうりする ❹ のむ

모의 연습문제 2 정답

1. 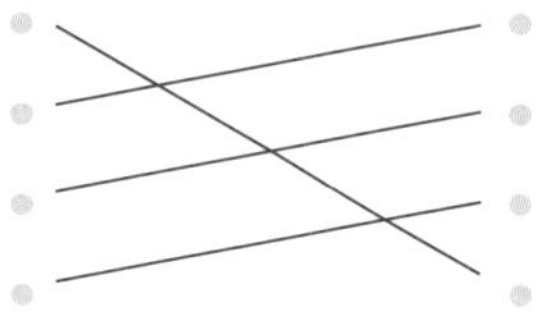

4. 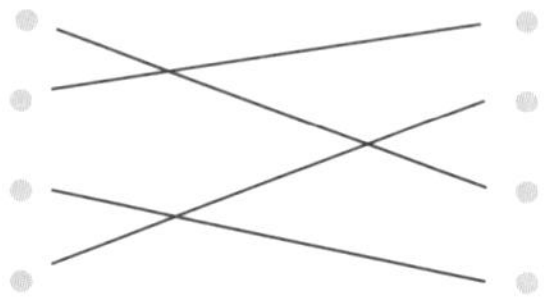

2. ❶ 샐러드 ❷ 디자인 ❸ 지갑 ❹ 반짝반짝 ❺ 우리들

3. ❶ ろくがつ ❷ すみません ❸ せんせい ❹ パイナップル ❺ としょかん ❻ しんせつ

5. ❶ こんにちは ❷ さようなら ❸ おやすみなさい

모의 연습문제 3 정답

1. 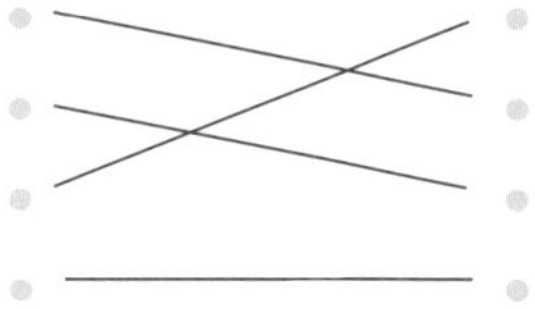

4. 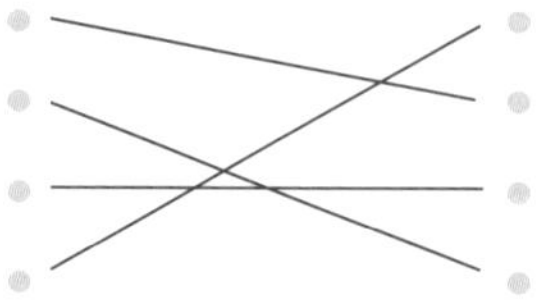

2. ❶ 설탕 ❷ 걸레 ❸ 흐림 ❹ 머리카락 ❺ 언니

3. ❶ つま ❷ みどりいろ ❸ おんがくか ❹ いす ❺ デパート ❻ ラジオ

5. ❶ はじめまして ❷ おなまえはなんですか ❸ どうぞよろしく

모의 연습문제 4 정답

1. 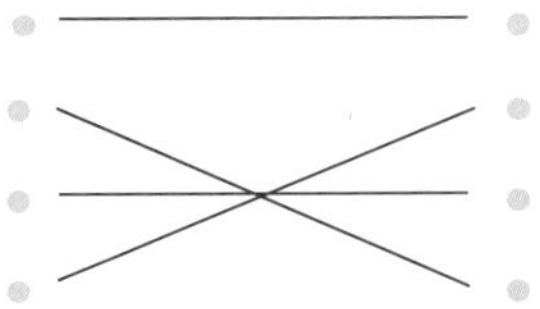

4. 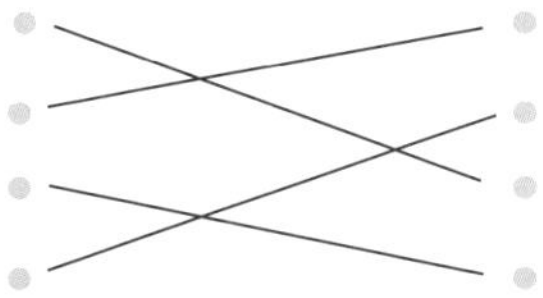

2. ❶ 원유 ❷ 먹다 ❸ 첫 번째 ❹ 뮤지엄 ❺ 15분

3. ❶ おとうと ❷ しちがつ ❸ せんす ❹ びょういん ❺ らく ❻ ゴルフ

5. ❶ しつれいします。 ❷ たのしかったです。 ❸ だいじょうぶですよ。

모의 연습문제 – 파이널

❶ あなたの しゅみは なんですか。
❷ かれの せいかくは どうですか。
❸ すきな くだものは なんですか。
❹ その たべものの あじは どうですか。
❺ あなたの しょくぎょうは なんですか。
❻ ありがとう ございます。
❼ しがつ なのか げつようび。
❽ たのしかったです。
❾ いまは なんじですか。
❿ きょうの てんきは どうですか。
⓫ あなたの きもちは どうですか。
⓬ すみません。
⓭ どうぞよろしく。
⓮ わたしは くうこうに いきます。
⓯ わたしの しゅみは りょこうです。
⓰ わたしの しょくぎょうは モデルです。
⓱ かれの せいかくは りこてきです。

씬나게 시작하는 일본어 첫걸음

1판 2쇄 발행 | 2018년 11월 1일

엮은이 | 일본어교재연구원
펴낸이 | 윤다시 **펴낸곳** | 도서출판 예가
주 소 | 서울시 영등포구 영신로 45길 2 **전화** | 02)2633-5462 **팩스** | 02)2633-5463
이메일 | yegabook@hanmail.net **블로그** | http://blog.daum.net/yegabook
등록번호 | 제 8-216호

ISBN | 978-89-7567-599-7 13730